AF277720

Japón

ANAYA
TOURING

Autor: **Marc Morte**

Responsable de proyecto: **David Lozano**
Edición y maquetación: **Lola García**
Cartografía: **ANAYA Touring**
Producción: **Juan José Rodriguez, Olga Hernando** y
Antonio Mellado
Diseño de la colección: **marivies.**

Procedencia de las fotografías:
123rf: 10, 15 a, 22, 24-25, 29, 31, 42 a, 48, 51, 52 a, 53, 54, 56,
57, 58 b, 60, 61, 66 a, 76, 79, 80, 82, 86, 90, 95, 96, 97, 101,
107, 108 a y b, 109. **Depositphotos**: 48-49. **Istockphoto**:
cubierta a y b. **Senao, Elena/ Morte, Marc**: 2, 8, 12, 26, 67
a, 124 a y b. **Shutterstock.com**: 6-7, 9, 11, 13, 14, 15 b, 17,
18-19, 20-21, 27, 28, 30, 32-33, 34, 40, 41, 42 b y c, 44, 45 a y
b, 50, 52 b, 55, 58 a, 59, 65, 67 b, 68, 69, 72, 73, 74, 75, 77, 78,
81, 83, 84-85, 87, 88, 89, 91, 93, 99, 102, 105, 106, 110-111,
114, 116, 133. **Thinkstock**: 16, 23, 43, 46-47, 62-63, 64, 66 b.

3ª edición, 2024

© Grupo Anaya, S. A., 2024
   Valentín Beato, 21. 28037, Madrid
   www.guiasdeviajeanaya.es

Depósito legal: M-02.240-2024
ISBN: 978-84-9158-747-7
Impreso en España-Printed in Spain

PAPEL DE FIBRA
CERTIFICADO

La información contenida en esta guía ha sido cuidadosamente com-
probada antes de su publicación. No obstante, dada la naturaleza
variable de los datos, recomendamos su verificación antes de salir.

Contenido

Cómo usar esta guía

Presentación

Esta **Guiarama** de **Japón** se divide en cinco secciones que abarcan los aspectos más importantes de su visita.

Una mirada a Japón, páginas 6-17

Presentación
Japón en cifras
La esencia de Japón
No hay que perderse
Un poco de historia
Naturaleza y paisaje
Personajes ilustres

Diez lugares inolvidables, páginas 18-3

La elección del autor de los diez lugares más atractivos, todos con información práctica.

Visita a Japón, páginas 32-111

Se divide la visita en cinco partes: Tokio y alrededores, Takayama, la región de Kansai (Kioto), el Sur de Japón y el Norte de Japón. Cada una con una introducción y un listado alfabético de los lugares más interesantes. También incluye información práctica, breves notas "¿Sabía usted que...?", varios paseos a pie y una breve descripción de la gastronomía del país.

Takayama

Dónde..., páginas 110-129

Información detallada sobre restaurantes, alojamiento, compras, viajar con niños, ocio y festivales, con algunas anotaciones sobre curiosidades de este país.

Información práctica, páginas 130-136

Toda la información necesaria para el viajero presentada de forma visual.

Mapas y planos

Magome y Tsumago

Todas las referencias lo son a los planos que se incluyen en la guía: pág. 36-39 plano de Tokio y pág. 70-71 Kioto. Por ejemplo, Torre de Tokio va seguida de la referencia 🅚 II, D1, que indica el número del plano (II) y las coordenadas (D1) donde se halla el monumento.

En Tokio y Kioto, muchos nombres de los monumentos e indicaciones se encuentran traducidos al inglés, por eso hemos optado por mantener este idioma en los planos para facilitar su localización.

El mapa del país se encuentra al final de la guía (pág. 140-143).

Precios

El precio aproximado de los establecimientos se indicará mediante los signos:
C caro, **M** moderado y **E** económico.

Clasificación por estrellas

La mayoría de los lugares descritos en el libro se han clasificado por su grado de interés como sigue:

★★★ Visita obligada
★★ Muy interesante
★ Interesante

Símbolos utilizados

A lo largo de la guía se han utilizado símbolos sencillos y claros para indicar las siguientes categorías:

🕐	referencia a los planos
✉	dirección o localización
📷	número de teléfono
🕐	horario
🍴	restaurante o café
🚇	estación de metro más cercana
🚌	rutas de autobús o tranvía
🚉	estación de tren más cercana
ℹ	información turística
♿	servicios para discapacitados
🎫	precio de la entrada
✚	otros lugares de interés cercanos
❗	más información práctica
🌐	página web con información más detallada

Una **mirada** a **Japón**

Presentación

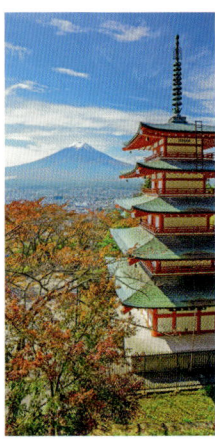

▲ Una de las imágenes emblemáticas de Japón: el monte Fuji, con la pagoda de Chureito, en otoño.

Japón es un país único, un lugar que sorprende a todos cuantos se acercan, ya sea por sus verdes paisajes, su rica gastronomía, sus vibrantes ciudades o sus amables habitantes, pero especialmente por su cultura. Los japoneses, por el hecho de vivir en una isla y los largos siglos en que permanecieron aislados del resto del mundo, han desarrollado una mentalidad y cultura particular que tan solo desde hace unos pocos decenios se ha visto mezclada con la civilización occidental.

Japón tiene mil caras que van desde el mundo más tradicional, donde las antiguas costumbres siguen en boga, hasta escenarios postmodernos que parecen sacados de una película de ciencia ficción. Allí es donde se superponen y se mezclan mundos tan dispares como las figuras de las misteriosas geishas al anochecer con las de las jóvenes vestidas de lolitas, la elegancia de los kimonos de algunas mujeres con la moda más ecléctica de las nuevas generaciones, los silenciosos jardines cuidados hasta el más mínimo detalle con los ruidosos barrios de Tokio como Shibuya o Shinjuku, el relax de sumergirse en un *onsen* (baño termal japonés) de madera con el de introducirse en un diminuto hotel cápsula… y así, un sinfín de lugares y experiencias contradictorias que son las que conforman este país.

En esta guía hablaremos de los lugares más recomendables para visitar en Japón en un viaje no muy largo, incidiendo especialmente en la isla de Honshu, que es donde se encuentran las mayores atracciones y donde se dirigen la mayoría de visitantes extranjeros. Dado el tamaño de las grandes ciudades japonesas y lo complicado de su trazado, es recomendable hacerse con un mapa de la ciudad que se visite en una de las innumerables oficinas de turismo que hay en cada una de ellas.

▶ *Maiko* (aprendiz de geisha) paseando por el barrio de Gion, Kioto.

Japón en cifras

Geografía

Japón ocupa una superficie de 377.873 km^2 y consta de cuatro islas principales, rodeadas por más de 4.000 pequeñas islas. La principal es Honshu, donde se concentra gran parte de la población del país.

Población

Japón tiene una población de 124 millones de habitantes, de los que aproximadamente un 75 % vive en áreas urbanas. Tokio es la ciudad más poblada, con 13,7 millones de habitantes. Contando su área metropolitana, llega hasta los 37 millones de personas. Kioto tiene 1,4 millones y Osaka, 2,7. Aunque la media de la densidad de población es de 343 habitantes por km^2, en Tokio alcanza los 5.751 habitantes por km^2.

Gobierno

Japón es una monarquía constitucional. El emperador desempeña un papel simbólico y el primer ministro es la cabeza del Estado. Todo el sistema está basado en la Constitución promulgada en 1946, que se basa en tres principios: la soberanía del pueblo, el pacifismo y el respeto a los derechos humanos.

Idioma

El japonés es el idioma oficial del país, aunque hay multitud de dialectos. Se le suele considerar una lengua aislada, aunque presenta ciertas similitudes con las altaicas, como el turco o el mongol, y con las lenguas coreanas primitivas. La mayoría de los japoneses no habla inglés. Además, la habitual timidez de los japoneses hace que, en muchos casos, no se atrevan a hablarlo si no lo dominan perfectamente.

Economía

Japón es la tercera economía a nivel mundial, tan solo superada por Estados Unidos y China. La renta per cápita es de 39.000 $, inferior a la mayoría de países del centro y el norte de Europa. Japón tuvo un crecimiento económico exponencial los años setenta y ochenta, cuando parecía que Japón iba camino de comerse el mundo, pero el país entró en crisis tras la explosión de la burbuja económica en 1991 que llevó al país a entrar en un periodo de estancamiento y deflación. Aún hoy en día, la economía de Japón presenta un crecimiento mínimo que ha hecho que otros países de la región como China, Taiwán o Corea del Sur se hayan convertido en sus principales rivales económicos en la región.

Religión

La mayoría profesa una mezcla de creencias y tradiciones ancestrales, especialmente provenientes de las dos religiones del país: el budismo y el sintoísmo.

▲ Los *torii,* en la imagen el del santuario de Hakone en el lago Ashi, son algunos de los iconos religiosos más reconocibles de Japón.

La esencia de Japón

Japón tiene todo lo que un viajero pueda desear: ciudades antiguas, templos inmemoriales, metrópolis vibrantes, pueblos tradicionales y paisajes variados que van desde pequeñas y apacibles islas a altas montañas y fieros volcanes. Pero un viaje a Japón es algo más que un sinfín de visitas a monumentos, puesto que también las experiencias nos dejarán un recuerdo indeleble: participar en uno de los divertidos festivales japoneses, presenciar un campeonato de sumo, relajarse en un *onsen* o degustar la variedad de la gastronomía japonesa. Para disfrutar de todo lo que Japón puede ofrecer al visitante se debe prestar atención a los detalles: los gestos, la delicadeza de los envoltorios, la intrincada decoración de un templo o la perfección de un pequeño jardín; es ahí donde radica su belleza y su secreto, y lo que nos permitirá entender mejor este maravilloso país.

No hay que perderse…

Si se dispone de poco tiempo estas son las principales experiencias de las que disfrutar en Japón:

▍**Contemplar Tokio a vista de pájaro,** desde el Mirador del Edificio del Gobierno Metropolitano de Tokio, desde el observatorio del Museo Mori en Roppongi Hills, o desde el nuevo Shibuya Sky.
▍**Sumergirse en un *onsen*, los baños termales japoneses.** Hay miles de ellos por todo el país.

▍**Pasear por Gion en Kioto al atardecer** y, si tiene suerte, quizá podrá ver a alguna geisha dirigiéndose a una casa de té para entretener a sus clientes.
▍**Cenar en una *izakaya*,** las tradicionales "tabernas" japonesas, y degustar un buen surtido de platos, todo acompañado por cerveza o sake.
▍**Asistir a un torneo de sumo.** En Tokio se celebran durante los meses de enero, mayo y septiembre.
▍**Disfrutar de un agradable paseo entre templos y naturaleza en Kioto,** los dos mejores lugares son Higashiyama y Arashiyama.
▍**Visitar el mercado exterior de Tsukiji.** Aunque el antiguo mercado mayorista fuera derruido aún vale la pena dar un paseo por la zona minorista.
▍**Caminar por los Alpes Japoneses.** Hay caminatas para todos los gustos, desde agradables paseos hasta *trekkings* de varios días.
▍**Dormir en un *ryokan*,** los tradicionales hoteles japoneses, en un futón sobre el tatami.
▍**Contemplar el *sakura*,** el florecimiento de los cerezos, un acontecimiento a nivel nacional. Dependiendo de la zona, las fechas para verlo comprenden desde marzo hasta principios de mayo.

▲ *Onsen* de Kusatsu, en la prefectura de Gunma, uno de los más famosos de Japón.

◀ Jardín de Fukushen, en Naha, Okinawa.

Un poco de historia

▲ Estatua del santuario de Toshogu.

13.000-300 a.C.
Civilización Jomon, la primera de la que se tiene noticia.

300 a.C.-250 d.C.
El llamado periodo Yayoi ve la llegada de nuevos pobladores desde Corea, que se convertirán con el tiempo en la etnia dominante en Japón desplazando a los Jomon hacia el norte. Se considera que los Yayoi son los ancestros de los actuales japoneses.

250-710 Periodo Yamato. Japón se une por primera vez bajo el poder de este clan, y la cultura se ve muy influida por China.

710 La capital es trasladada a Nara y la ciudad será el centro del poder en Japón durante 84 años.

794 Kioto se convierte en la nueva capital de Japón y lo seguirá siendo durante más de un milenio. Mientras el emperador va perdiendo el poder a favor de los nobles, especialmente de la familia Fujiwara.

1192 Después de una sangrienta guerra entre las familias Taira y Morimoto, estos últimos consiguen vencer y hacerse con el poder en Japón. Yoritomo es nombrado "shogun", que aunque en teoría es un jefe militar a las órdenes del emperador, en la práctica es el que ostenta el poder en Japón. La era de los shogunatos y los samuráis dura casi 700 años.

1274 Los mongoles atacan Japón y son repelidos por una combinación de mal tiempo y la férrea resistencia de los ejércitos japoneses. En 1281 se produce un segundo ataque aún más feroz pero un tifón derrota a la flota mongol.

1336 Ashikaga Takauji instaura el shogunato Muromachi. Después de un primer periodo estable, los siguientes shogun se ven incapaces de detener la fragmentación del país y Japón cae en una espiral inacabable de guerras civiles.

1543 Los primeros portugueses llegan a Japón e introducen las armas de fuego. En 1549, San Francisco Javier introduce el cristianismo.

1603 Tokugawa Ieyasu establece el shogunato de Edo después de completar la reunificación del país. El pequeño pueblo de pescadores de Edo se convierte en la capital política del país. Durante este periodo, Japón se aísla totalmente del mundo, expulsa a los extranjeros y prohíbe su entrada excepto por algunos contactos comerciales en el puerto de Nagasaki.

1868 El shogunato de Edo llega a su fin, y el emperador Meiji recupera el poder. La capital imperial se traslada a Edo, que es rebautizada como Tokio. El puesto de shogun es eliminado, el país se abre de nuevo, se moderniza e inicia un periodo que le llevará a convertirse en pocos años en una potencia mundial.

1889 Se promulga la Constitución y se crea la Dieta, el Parlamento de Japón.

1904-1905 Guerra Ruso-Japonesa que acaba con la derrota del Imperio zarista y encumbra definitivamente a Japón como un país al mismo nivel que las potencias occidentales.

1910 Japón se anexiona Corea.

1923 Gran terremoto de Kanto que destruye gran parte de Tokio y mata más de 100.000 personas.

1931 Japón invade Manchuria y establece un régimen marioneta llamado Manchukuo.

1937 Japón invade China y en poco tiempo ocupa gran parte de la costa este de China, cometiendo grandes atrocidades como la matanza de Nanking.

1941-1945 Guerra del Pacífico. Japón ocupa gran parte del sudeste asiático y bombardea Pearl Harbor. Después de la batalla de Midway en 1942, Japón se repliega y se rinde finalmente después del lanzamiento de las bombas atómicas sobre Hiroshima y Nagasaki.

1946 Se promulga una nueva Constitución y se ponen en marcha las bases para la reconstrucción de Japón.

1964 Celebración de los Juegos Olímpicos en Tokio, los primeros Juegos celebrados en Asia.

1989 Muere el emperador Hirohito, que había reinado desde 1926, convirtiéndose en el emperador más longevo en la historia de Japón.

▲ Soldados japoneses celebran la captura de Nanking (China) en diciembre de 1937.

▲ El primer ministro Shinzo Abe en la Asamblea de Naciones Unidas.

1991-2000 El milagro económico que había convertido a Japón en la segunda economía mundial se rompe en pedazos y la economía japonesa entra en crisis, destruyendo el sistema de "trabajo de por vida". Se inicia un periodo de inestabilidad.

2001-2011 Japón se recupera lentamente de la crisis, pero los cambios de gobierno se suceden.

2011 El país sufre el terremoto de Tohoku. El tsunami causa miles de muertos y destruye la central de Fukushima provocando un desastre nuclear.

2013 Tokio es elegida como sede de los Juegos Olímpicos de 2020, un merecido premio a la capacidad de superación de los japoneses.

2014 El gobierno de Japón, con Shinzo Abe a la cabeza, aprobó una modificación en su Constitución pacifista, adoptada tras la Segunda Guerra Mundial, a pesar de que el pueblo japonés (un 60 por ciento) estaba en contra. Esta medida permite al país apoyar militarmente a todos sus aliados en caso de ser víctimas de una agresión.

2016 Por primera vez una mujer en la historia fue elegida gobernadora de Tokio, Yuriko Koike (del Partido de la Esperanza), exministra de Defensa de Japón en 2007.

2017 Shinzo Abe fue reelegido como primer ministro. De esta manera se convertirá en el hombre que más años va a permanecer en el cargo.
Corea del Norte lanzó un misil balístico que sobrevoló Japón y cayó al mar, a unos 210 km de la costa de la prefectura de Aomori (al norte del país).

2019 Akihito abdica del trono aquejado de problemas de salud y su hijo Naruhito es proclamado emperador.

2021 Tokio celebra los Juegos Olímpicos un año más tarde de lo previsto en medio de la pandemia de coronavirus y sin los fastos y el público que se esperaba.

2022 Shinzo Abe es asesinado durante un discurso público en Nara el 8 de julio.

Naturaleza y paisaje

Aunque la imagen que se tiene de Japón es la de una extensión continúa de ciudades, el país es extremadamente verde, montañoso y cuenta con profundos y remotos valles, y los grandes núcleos de población están concentrados básicamente en la costa del Océano Pacífico. Además, los japoneses respetan en gran medida la naturaleza, por lo que hay grandiosas extensiones de bosques y multitud de Parques Nacionales, bien conservados y con una gran red de rutas para los amantes del senderismo.

Paisaje japonés

El territorio japonés está marcado por encontrarse en el Cinturón de Fuego del Pacífico, además de estar situado en la confluencia de cuatro placas tectónicas: hay más de 100 volcanes en activo, más de 1.000 terremotos al año, aunque la mayoría son demasiado débiles para sentirlos, y una gran actividad geotérmica que hace que existan innumerables fuentes de aguas termales.

A la hora de describir los paisajes, también se ha de tener en cuenta que aunque Japón esté conformado por 3.900 islas, estas se extienden a lo largo de 3.000 km, por lo que se pueden encontrar desde paisajes tropicales en las islas del sur, hasta escenarios que recuerdan a Siberia en las gélidas islas del norte. La isla principal es Honshu, donde se encuentran las principales atracciones; las otras tres islas importantes son Hokkaido, al norte, y Kyushu y Shikoku, en el sur.

Aunque Japón es un archipiélago, tan solo hay excelentes playas en las islas Ryukyu, en el sur, la más famosa de las cuales es Okinawa. En el resto del país, la costa tiende a ser rocosa y en algunos casos demasiado abrupta, con las montañas precipitándose hasta el mar, por lo que, aunque se pueden encontrar algunas playas, no es el lugar perfecto para ir a tomar el sol y bañarse.

Parques Nacionales

Japón cuenta con 29 Parques Nacionales y 56 cuasi Parques Nacionales. La entrada a todos ellos es gratuita y hay multitud de senderos y facilidades para realizar excursiones. En esta guía hemos mencionado algunos de los más importantes, especialmente en la isla de Hokkaido, donde se hallan algunos de los paisajes más espectaculares. Aunque es difícil recomendar un parque nacional sobre otro, si hay que escoger tres parques en el norte, los más inte-

▼ Flor del cerezo y hojas del arce japonés, dos especies que resultan familiares en el paisaje.

resantes son **Daisetsuzan,** el más grande de todo Japón, con increíbles paisajes volcánicos y centenares de opciones para andar; **Shiretoko,** declarado Patrimonio Mundial, y **Rishiri-Rebun,** centrado en estas dos islas en el extremo noroeste de Japón.

▌Parques en las ciudades

Las mismas ciudades acostumbran a contar con grandes espacios verdes o están rodeadas de una naturaleza exuberante, como en el caso de Kioto. En Tokio se puede ir al **Parque de Yoyogi,** a **Shinjuku Gyoen** o al **Jardín Oriental** del Palacio Imperial, cada uno con su propio carácter. Kioto, por su lado, cuenta con colinas boscosas abrazando la ciudad; los dos barrios que conjugan naturaleza y patrimonio son Higashiyama y Arashiyama, por los que es extremadamente agradable pasear alejado del tráfico rodado.

▼ Cascadas en el Parque Nacional de Daisetsuzan.

Personajes ilustres

▌Akira Kurosawa

Nacido en 1910, es el director de cine japonés más reconocido internacionalmente. Aunque rodó su primera película en 1943, *La leyenda del gran judo,* su primer gran éxito fue *Rashomon* (1950), que le proporcionó el León de Oro de Venecia y el Oscar de Hollywood. Su siguiente gran película fue *Los siete samuráis* (1954), con la que volvió a ganar el León de Oro y que se convertiría en su obra más emblemática. Durante los años cincuenta y sesenta del siglo pasado filmó gran cantidad de películas como *El idiota* (1951), *El trono de sangre* (1957) o *El mercenario* (1961). Dos fracasos consecutivos de taquilla –*Barbarroja* (1965) y *El camino de la vida* (1970)– le llevaron a ser rechazado por muchos estudios y a una crisis personal que acabó con un intento de suicidio. Su recuperación personal y profesional llegó gracias a la Unión Soviética, que le ofreció dirigir *Dersu Uzala* (1975). En 1985 rodó la que muchos críticos consideran su mejor obra: *Ran.* Fue galardonado con un Oscar Honorario por su carrera en 1990. Murió en 1998.

▌Yukio Mishima

Aunque no ganó el Premio Nobel de Literatura, como sus compatriotas Kenzaburo Oe o Yasunari Kawabata, es posiblemente uno de los escritores japoneses más famosos del siglo xx. Su obra más conocida es la tetralogía *El mar de la fertilidad.* Mishima también se hizo famoso por sus opiniones radicales y su odio a la occidentalización que estaba sufriendo Japón, que le llevaron a realizar el *seppuku,* el suicidio ritual japonés conocido en Occidente como *harakiri.*

▌Emperador Hirohito

Nacido en 1901, fue el emperador más longevo en la historia de Japón. Su reinado se prolongó entre 1926 y 1989. Aunque no se sabe hasta qué punto fue culpable de las matanzas cometidas en China y otros países, aceptó de buen grado la entrada de Japón en la Segunda Guerra Mundial junto a Alemania e Italia, pero una vez terminado el conflicto colaboró con el general MacArthur en la reconstrucción del país para ver cómo Japón renacía de sus cenizas.

▌El primer español en Japón

San Francisco Javier (1506-1552) llegó en 1549 al puerto de Kagoshima, convirtiéndose así en el primer español en pisar Japón. Su objetivo era la evangelización y, a pesar de las dificultades, durante sus dos años de estancia consiguió crear una comunidad católica en Yamaguchi.

▼ Sello de correos con la imagen del emperador Hirohito.

Lugares
inolvidables

Shinjuku

Shinjuku condensa todo lo que el visitante espera encontrar en Tokio: luces de neón, inalcanzables rascacielos, la estación más concurrida del mundo, miles de personas moviéndose por todos los lugares, un barrio rojo, etc.

Info

- ⏱ f.p.
- 🚇 Shinjuku, Tochomae, Shinjuku-sanchome.

Edificio del Gobierno Metropolitano de Tokio
- ✉ 2-8-1 Nishi-Shinjuku, Shinjuku-ku
- ⏱ plataforma norte: 9.30-23 h; plataforma sur 9.30-17.30 h

Shinjuku está dividida en dos por la estación de tren y metro que lleva el mismo nombre, y una de las mayores dificultades es escoger la salida de la estación puesto que hay decenas de ellas. La zona oeste de Shinjuku, llamada Nishi-Shinjuku, es el asiento por antonomasia de los rascacielos en Tokio. Después de dar un paseo a la sombra de los gigantescos edificios, es recomendable ir al **edificio del Gobierno Metropolitano** de Tokio, diseñado por el famoso arquitecto japonés Kenzo Tange. Además de albergar la Oficina de Información Turística de Tokio, ofrece unas vistas perfectas desde el piso 45, y lo mejor de todo, ¡es gratis! Otro lugar de visita obligada para los más cinéfilos es el **Hotel Park Hyatt,** convertido en un lugar de culto desde que fuera filmada la película *Lost in Translation,* dirigida por Sofia Coppola. Vale la pena gastarse unos

yenes de más para disfrutar de una bebida en su *New York Bar* por la noche, con Tokio a los pies, y sentirse como Scarlett Johansson o Bill Murray.

El lado este de Shinjuku es totalmente lo contrario, enfocada al entretenimiento y al consumo, con miles de luces de neón anunciando restaurantes, grandes almacenes, bares de copas, *love hotels,* salas de *pachinko* (máquinas recreativas), *sex-shops,* bares de strip-tease, y cualquier entretenimiento para adultos que se pueda imaginar.

La **calle Yasukuni-dori** es la puerta de entrada a Kabukicho, uno de los sitios más curiosos de Tokio para visitar por la noche. Aunque muchos japoneses tachen la zona de peligrosa y quizá lo sea para estándares japoneses, para cualquier español es segura mientras no se entre en ninguno de los clubes o burdeles, donde son comunes las cuentas infladas (y lo más recomendable es pagar si no se quiere tener problemas). Cruzando la calle Kuyakusho-dori se entra en el entramado de callejuelas que conforma **Golden Gai,** una zona nocturna de ambiente desenfadado con bares que parecen sacados de otra época, donde en muchos casos no caben más de 4 o 5 personas.

◄ Shinjuku bulle de actividad a cualquier hora del día y de la noche.

Museo Nacional de Tokio

2

Si solo se quiere visitar un museo en Tokio, esta debe ser la elección pues se trata del museo más grande y antiguo de todo Japón. Imprescindible para conocer su historia y sus tradiciones milenarias.

Info

- f.p.
- 13-9 Ueno Koen, Taito-ku
- www.tnm.jp
- Lun.-vier. 9.30-17 h. Cierra los lunes.
- Hay algunos en los alrededores de la estación de Ueno
- Ueno
- 1.000 ¥
- Santuario Toshogu, Museo Nacional de Arte Occidental, Zoo de Ueno

Este museo cubre toda la historia de Japón a través de una extensa colección de objetos de arte y antigüedades, todo meticulosamente expuesto. Sus orígenes se remontan a 1872, cuando se celebró una exposición en el santuario Yushima Seido.

El recinto está dividido en cinco pabellones. El mayor y más recomendable es el **Honkan**, un atractivo edificio de 1938 dedicado enteramente al arte japonés desde los inicios de su historia hasta hoy, con una rica colección de pintura, escultura, caligrafía, espadas, textiles, cerámica… Los objetos expuestos van cambiando regularmente, tanto para asegurar su conservación como para mostrar todo el amplio fondo del museo que no cabe en las salas de exposición.

Junto al anterior, en la explanada principal, se levanta el **Toyokan**, donde hay expuestos objetos arqueológicos y obras de arte de China, Corea, Oriente Medio e India. Enfrente está el **Hyokeikan**, el edificio más antiguo de todos ellos, inaugurado en 1909 y que fue erigido para conmemorar el matrimonio del emperador Taisho. Aunque no alberga exposiciones permanentes, se puede entrar en su interior para apreciar la bella arquitectura de estilo europeo que testimonia la importancia de la influencia occidental durante aquel periodo. En la parte posterior, el **Heiseikan** acoge exposiciones de carácter temporal de arte asiático y japonés.

Algo más apartada de los otros, se halla la **Galería de Tesoros de Horyuji**, la otra perla del museo que nadie debe dejar de visitar. Allí se exhiben los tesoros del templo Horyuji de Nara. El edificio tiene un diseño rompedor, al que acompaña en su interior la disposición y la iluminación, que están especialmente cuidados para dar aún más espectacularidad si cabe a las ya de por sí ricas obras de arte.

Las salas más recomendables son las dedicadas a las estatuas de bronce de imágenes budistas y a las singulares máscaras Gigaku, aunque desgraciadamente esta última solo abre algunas semanas al año para no deteriorar las piezas y alargar su vida y belleza.

Nikko

3

La gran colección de tumbas y santuarios declarados Patrimonio de la Humanidad, rodeados de frondosos bosques, convierten a Nikko en la mejor excursión que se puede realizar desde Tokio.

L a importancia de Nikko como lugar de culto se origina en el siglo VIII, cuando un sacerdote llamado Shodo Shonin alcanzó la cima del monte Nantai y construyó allí el templo Shihonryu-ji. Pero su definitiva consagración llegó con la construcción, en 1617, del santuario Toshogu, levantado para albergar el alma del fundador del shogunato Tokugawa.

Desde la estación de tren, tanto la JR como la Tobu, un autobús deja al viajero frente a la puerta del primero de los templos. A la izquierda, antes de llegar al área de Sannai, se levanta el estilizado **puente Shinkyo**, erigido en el lugar donde, según la tradición, el monje atravesó el río montado en dos serpientes gigantes.

Toshogu es, posiblemente, el santuario más sublime de todo Japón y la mayor atracción de Nikko. En su construcción intervinieron los mejores artesanos del país (se dice que trabajaron 15.000 personas). Presenta una interesante mezcla de elementos budistas y sintoístas y su decoración tiene claras influencias chinas y coreanas. Sus elementos más destacados son el **Shinyosha** (Establo Sagrado), famoso por los tres monos tallados en madera que representan los tres principios budistas (no escuchar maldades, no ver maldades y no decir maldades), y el **Yomeimon** (Puerta del Crepúsculo), con más de 500 esculturas de estilo chino que representan animales y criaturas mitológicas.

Junto al santuario de Toshogu, también fueron declarados Patrimonio de la Humanidad por la Unesco: el **templo de Rinno-ji,** que protege tres grandiosos budas dorados que representan las tres montañas sagradas de Nikko; **Futarasan-jinja,** el santuario protector de Nikko, y el **Mausoleo de Taiyuin,** donde está enterrado el shogun Tokugawa Iemitsu.

El santuario de Toshogu y el templo de Rinno-ji están en reformas hasta marzo de 2019 y 2021 respectivamente. En el caso del templo de Rinno-ji hay una pasarela que permite contemplar algunas zonas del templo. Si se desea disfrutar del entorno natural es posible acercarse al **abismo Kanmangafuchi,** un precioso paraje junto al río, y al lago Chuzenji, a los pies del monte Nantai. Para conocer todas las atracciones que ofrece Nikko es recomendable pasar, al menos, una noche en el pueblo.

Info

- 140 km al norte de Tokio
- www.turismo-japon.es
- Gran cantidad en la calle principal. Recomendable el Hippari Dako.
- 591 Gokomachi, Nikko-shi Abierto de 9 h a 17 h Festivales: el 17-18 de mayo y el 16-17 de octubre se celebra dos importantes festivales en Toshogu.
- Tren desde Tokio: unas 2 horas. Línea Tobu desde la estación de Asakusa. Con el JR Pass shinkansen hasta Utsunomiya, y de ahí tren a Nikko.
- Santuario de Toshogu 1.300 ¥, Taiyuin 550 ¥, Rinnoji 400 ¥
- De 8-17 h (hasta las 16 h de noviembre a marzo)

▼ Dos de los tres monos tallados en madera que se hallan en Shinyosha, en el santuario Toshogu.

Monte Fuji

4

El Fuji, la montaña más alta del país con 3.776 m, es el símbolo de Japón. Una montaña sagrada que es posible ver desde el tren, desde alguno de los cinco lagos, desde Hakone o directamente acometer su ascenso.

La manera más fácil de contemplar el Fuji es desde **Hakone.** Si se goza de un día despejado es una experiencia sublime, aunque puede llegar a ser insoportable los fines de semana, cuando parece que todo Japón se concentra aquí. Hakone consta de un circuito que permite usar gran variedad de transportes bajo la atenta mirada del Fuji.

El trayecto se inicia en Hakone-Yumoto donde se toma un tren de montaña que llega hasta Gora; desde allí hay un funicular que va a Sounzan en 10 minutos, subiendo hasta los 1.150 m de altitud. Sounzan es el punto de salida del teleférico –sin duda el plato fuerte del recorrido–, disfrutando de espectaculares vistas a medida que se desciende al **lago Ashino-ko.** El teleférico termina su recorrido a orillas del lago Ashino-ko, desde donde se coge un barco que va hasta el extremo sur. Una vez acabado el recorrido se puede coger el autobús a Odawara en

Info

✉ 90 km al sur de Tokio

Hakone

🚆 Odakyu Line hasta Hakone Yumoto. Es recomendable hacerse el Hakone Free Pass. Desde Shinjuku 6.100 ¥ por dos días, y 6.500 ¥ por tres días.

Lago Kawaguchiko

🚆 Dos buses cada hora desde Shinjuku por 2.000 ¥ (2 horas de trayecto). En tren, primero a Otsuki y desde ahí a Kawaguchiko. Hay algunos directos desde Shinjuku por 4.000 ¥ por trayecto. Con el JR Pass se puede ir hasta Otsuki, desde ahí se paga un suplemento por 1.170 ¥.

cualquiera de las dos localidades y desd allí volver a Tokio. Los que deseen algo más tranquilo pueden optar por ver las vistas desde los **Cinco Lagos.** El más accesible para los que dependan del transporte público es el **Kawaguchiko,** que tiene conexiones de autobús desde Shinjuku, en Tokio. Es mejor ir a primera hora de la mañana, cuando hay más posibilidades de que el cielo esté despejado.

Los más deportistas pueden optar por emprender el **ascenso del Fuji.** La temporada oficial para subir es julio y agosto. Hay autobuses directos desde Tokio hasta alguno de los puntos desde donde se emprende el ascenso, que acostumbra a ser la 5ª estación. Desde allí son entre 5-8 horas de subida, dependiendo del camino escogido. Hay bastantes refugios, aunque se han de reservar con tiempo. Es recomendable subir de madrugada para ver el amanecer desde la cima, para lo que es mejor pasar una noche en alguno de los refugios en la 7ª u 8ª estación o bien subir de noche desde la 5ª.

La última opción para los que no dispongan de tiempo es mirar por la ventana del tren en dirección a Kioto y Osaka. Se divisa el Fuji cerca de la estación de Shin-Fuji, a los 40-45 minutos de haber salido de Tokio.

▼ El Fuji es la montaña sagrada y símbolo del país.

Gion

Aunque los tiempos modernos también han llegado aquí, Gion continúa siendo uno de los barrios más encantadores de Kioto que nadie debe perderse.

Info

Gion se desarrolló hace siglos frente al santuario Yasaka-jinja para dar acomodo a los viajeros que venían a ver el santuario, y acabó convirtiéndose en uno de los más famosos distritos de geishas de todo Japón; aún hoy sigue siendo el lugar más fácil para poder ver a estas artistas del entretenimiento, y apreciar la antigua arquitectura de Kioto, con gran cantidad de *machiya* (casas tradicionales), muchas de las cuales albergan *ochaya* o casas de té.

La calle principal es **Shijo-dori,** que corta Gion de este a oeste; aunque se trate de una calle amplia que a primera vista puede parecer otra avenida comercial más, su colección de tiendas tradicionales, donde los artesanos continúan elaborando los artículos de toda la vida y cuyo arte ha ido pasando de generación en generación, le dan un carácter especial.

La calle más recomendable es **Hanami-koji,** jalonada por *machiya* que esconden restaurantes y *ochaya.* Este es el mejor lugar para ver geishas y *maikos* (aprendices) yendo y viniendo desde sus *okiya* –o moradas– a las casas de té donde las esperan los clientes, especialmente entre las 18 y las 20 h. Las geishas y *maikos* aparecen de las puertas

▼ Peinado tradicional de una *maiko* (aprendiz de geisha).

más inesperadas para cruzar la calle a toda velocidad antes de desaparecer en el interior de otra casa, ante las miradas atónitas de grupos de extranjeros y japoneses que luchan por hacerles una foto. Aunque pueda sonar raro, es una actividad sumamente divertida a la que las geishas ya están acostumbradas, y una de las pocas oportunidades de obtener una foto de una geisha.

En la parte norte de Gion también merece la pena visitar **Shinmonzen-dori** y **Furumonzen-dori,** con varias *machiya* y tiendas especializadas en antigüedades, y especialmente, **Shirakawa Minami-dori,** posiblemente la calle más encantadora de Kioto, que transcurre a lo largo de un pequeño canal y donde cada primavera los cerezos estallan en un espectáculo único de color y olor.

Castillo de Himeji

Himeji cuenta con el castillo mejor preservado de todo Japón, declarado Patrimonio de la Humanidad por la Unesco; una grandiosa fortaleza del periodo feudal, cuando los samuráis ostentaban el poder.

6

E l castillo de Himeji es uno de los pocos que se conservan en su estado original; la estructura que se puede ver hoy fue erigida en 1609 por Terumasa Ikeda, aunque hubo fortificaciones en el mismo lugar desde 1333. Con el paso de los siglos, el castillo fue pasando de manos entre distintas familias feudales hasta la llegada de la restauración Meiji en 1868, cuando el sistema feudal y el Shogunato desaparecieron, y el castillo pasó a convertirse en un monumento en manos del estado.

El castillo de Himeji es un ejemplo perfecto de las fortificaciones que se construyeron en Japón a partir del siglo XV, y que evocan a las películas de Akira Kurosawa. El castillo consta de un *donjon* –o torre principal de cinco pisos– y tres torres de menor tamaño unidas por pasadizos. Todo el complejo está rodeado por un laberíntico complejo de fosos y murallas que permitía a los defensores tender emboscadas en caso de que los atacantes penetraran en el recinto. Aunque en el interior tan solo haya alguna exposición de armas de la época, es la propia estructura de madera, perfectamente conservada, y la delicadeza de sus formas las que convierten la visita en ineludible.

Junto al castillo se encuentra el **jardín de Koko-en** *(entrada: 300 ¥)*, que es una bella restauración de un jardín japonés en el terreno donde antiguamente estaban las mansiones de los samuráis. Himeji es una excursión perfecta desde Kioto o de camino a Hiroshima, aprovechando la velocidad del shinkansen (el tren bala), especialmente los que dispongan de un JR Pass. El castillo está a tan solo diez minutos andando de la estación a través de una galería comercial.

Info

- ✉ 68 Honmachi, Himej.
  A 130 km al oeste de Kioto
- ⏱ Abr-ago 9-18 h, sep-mar
  9-16 h
- 🚄 Shinkansen desde Kioto
  50 minutos
- ℹ Oficina de información:
  estación de Himeji
- 💴 1.000 ¥

▼ Castillo de Himeji, declarado Patrimonio de la Humanidad por la Unesco.

Nara

7

Capital de Japón entre los años 710 y 784, gran parte del legado arquitectónico de Nara fue declarado Patrimonio de la Humanidad por la Unesco.

Info

- ✉ 50 km al sur de Kioto
- 🌐 www.visitnara.jp
- 🍴 Gran variedad de restaurantes en la calle principal Sanjo-dori
- 🚆 trenes frecuentes entre Kioto y Nara. Trayecto 40 minutos
- ℹ En la calle principal Sanjo-dori, abierto de 9 h a 21 h

Todai-ji
- ✉ 406-1 Zoshi-cho
- 🕐 Nov.-feb. 8-16.30 h, marz. 8-17 h, abr.-sept. 7.30-17.30 h, oct 7.30-17 h
- 💰 600 ¥

Kasuga-taisha
- ✉ 160 Kasugano-cho
- 🕐 de 9 h a 16 h
- 💰 500 ¥

Museo Nacional de Nara
- ✉ 50 Noborioji-cho
- 🕐 Mar-dom 9-17 h
- 💰 700 ¥

L o más atractivo de la ciudad se halla en el gran **parque de Nara-koen**. Sus habitantes más famosos son los más de mil ciervos que campan por el recinto a su libre albedrío, acercándose a los visitantes en busca de comida o descansando a la sombra de los árboles.

El núcleo del parque y también de la ciudad es el **templo Todai-ji,** fundado por el emperador Shomu en el año 752, cuando Nara era la capital de Japón. Además de la imponente **puerta Nandaimon,** construida en el siglo XIII y custodiada por dos impresionantes guardianes de madera, la principal estructura es el **Daibutsu-den** o Sala del Gran Buda, uno de los mayores edificios de madera del mundo, que alberga en su interior una imponente **estatua de Buda** de bronce, de 16 m de altura. En la parte posterior del Buda hay un gran pilar de madera con un orificio en su base. La leyenda dice que quien consigue pasar por el agujero tiene garantizada la iluminación. Como cabe suponer, cada día hay multitud de niños y esforzados adultos intentándolo.

Otra de las grandes atracciones de Nara es el **santuario Kasuga-taisha.** Durante el Festival Mantoro, entre el 2 y el 4 de febrero, se encienden las 2.000 linternas de piedra que jalonan el camino hasta el santuario, además de las mil linternas de bronce que cuelgan del techo en el interior del recinto, creando una atmósfera mágica. También en el parque se ubica el **templo de Kofuku-ji,** cuyo símbolo es una estilizada pagoda de cinco pisos, y el **Museo Nacional de Nara,** con una fascinante exposición de reliquias budistas de Japón y de las culturas que poblaron la antigua Ruta de la Seda.

Si se tiene tiempo es recomendable acercarse al **barrio de Nara-Machi,** al sur de Sanjo-dori, para admirar un buen número de casas tradicionales bien conservadas, y también, en tren, a los templos del sudoeste de Nara.

Miyajima

8

Es la más famosa de las miles de pequeñas islas que motean el Mar Interior, gracias a su larga historia y su *torii,* que se levanta en medio del agua, dando la bienvenida a los visitantes.

L a isla de Miyajima tiene una larga historia; ya desde la antigüedad se veneraba el monte Misen, su punto más alto con 500 m, y se cree que hacia el siglo xii la familia Taira, la más poderosa en aquel momento, hizo construir el **santuario de Itsukushima.**

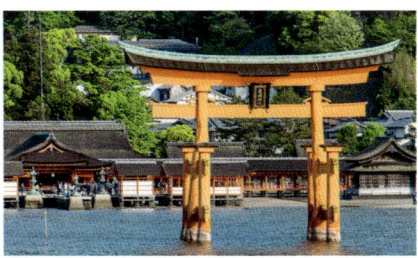

Miyajima ha crecido en importancia alrededor de este santuario y su *torii,* especie de puerta que se levanta en el mismo agua. Se hizo construir en el mar puesto que las procesiones llegaban en barca desde la isla principal y lo atravesaban para entrar al recinto sagrado. Antes de venir es recomendable consultar con la Oficina de Turismo en Hiroshima el horario de las mareas, puesto que el *torii* es más fotogénico cuando está parcialmente cubierto de agua.

Una vez fotografiado el *torii,* vale la pena dirigirse hacia el **monte Misen.** Hay dos opciones para subir: una en teleférico, que asciende hasta una colina cercana desde la cual se tarda alrededor de 20-30 minutos en llegar a la cima del monte Misen, o bien andando desde abajo por alguno de los caminos que cruzan el bosque. Se tarda 1 hora en subir los 500 m de desnivel. Arriba, las vistas del Mar Interior, salpicado de miles de islas, donde el canto de los pájaros rompe el silencio, son inigualables y compensa el esfuerzo. Uno de los primeros visitantes en subir fue Kobo Daishi, el monje budista fundador de Koya-san.

Hay varios pequeños templos budistas cerca de la cima, pero el más importante es el **Misen Hondo,** donde arde una llama que se dice que encendió Kobo Daishi. Finalmente, también destaca el **templo Daisho-in,** uno de los más importantes para el budismo Shingon.

info

- 21 km al sur de Hiroshima
- http://visit-miyajima-japan.com/en
- Hay multitud de restaurantes en la isla
- línea JR Sanyo hasta Miyajimaguchi, y desde ahí ferry (incluido JR Pass). También se puede coger línea 2 del tranvía hasta Miyajimaguchi
- Estación de ferry en Miyajima

Santuario de Itsukushima
- 6.30-18 h
- 300 ¥

❙ Delicias gastronómicas
Además de naturaleza y monumentos, nadie debería perderse las riquezas gastronómicas de la isla: las ostras, que se preparan crudas, a la brasa o rebozadas, y las galletas *momiji,* una especie de bizcocho pequeño en forma de hoja de arce, relleno de chocolate, crema o pasta de judía dulce.

◀ ▲ Arriba, *torii* de Miyajima. En la página anterior, sala del Gran Buda o Daibutsu-den en el templo Todai-ji, en Nara.

Magome y Tsumago

9

Caminar por este tramo del antiguo sendero Nakasendo que une estos dos pueblos, conservados tal y como eran durante el periodo Edo, es ideal para internarse en el Japón más rural.

Info

- 📧 110 km sur de Takayama, 110 km al sur de Matsumoto
- 🍴 Hay algunos restaurantes durante el día en ambos pueblos, por la noche mejor cenar en el hotel donde se duerme
- 🚃 Desde Takayama ir a Nagoya y allí coger la línea JR Shinano (estación Nakatsugawa para Magome, Nagiso para Tsumago). Desde Matsumoto coger la línea que va a Nagoya
- ℹ️ Hay en el centro de ambos pueblos, abierta de 9-17 h

Nakasendo era uno de los principales caminos que había durante el periodo Edo en Japón y unía a través del interior Kioto con Edo (actual Tokio), aunque la ruta más importante era la Tokaido, que enlazaba ambas ciudades por la costa. Aunque aquella ruta vital para las comunicaciones internas haya desaparecido, se han restaurado partes del camino que unían Magome y Tsumago, y hoy es una delicia recorrer los 8 km que separan ambos pueblos atravesando arrozales, oscuros bosques y pequeños pueblos, para hacerse una idea de cómo es aún la vida en el campo en una sociedad tan avanzada como la japonesa.

Ambas poblaciones estaban antaño dedicadas a los servicios que requería formar parte de la Nakasendo: cuidar los tramos del camino, encargarse del correo o mantener el *Honjin* y el *Wakihonjin,* albergues para funcionarios de alto rango o de menor rango, respectivamente. Afortunadamente se han conservado gran parte de los edificios de aquella época, lo que permite recrear el pasado del interior de Japón.

Desde el punto de vista práctico, es mejor empezar por Magome, dado que así hay más tramo de bajada que de subida. Ambos pueblos ofrecen un servicio de envío de maletas, por lo que es muy recomendable hospedarse en alguno de los rústicos *ryokan* (hoteles tradicionales) de Magome o Tsumago, y al día siguiente enviar las maletas con el servicio que ofrece la Oficina de Turismo al otro pueblo e ir andando hasta allí antes de coger el tren hacia Takayama o Matsumoto, por ejemplo.

▼ Antiguo camino Nakasendo a su paso por Magome.

Koyasan

La cima del monte Koya es el lugar más sagrado para el budismo Shingon en Japón, y además cuenta con el precioso cementerio Okuno-in.

El complejo de templos de Koyasan fue fundado por el monje Kobo Daishi, iniciador de la secta Shingon, en 826 para convertirse en la sede de esta escuela budista. El lugar más importante es el maravilloso **cementerio de Okuno-in.** Kobo Daishi fue enterrado en un mausoleo en el interior de un extenso bosque de *sugi* (cedro japonés), aunque, según otras fuentes, entró en el nirvana y sus seguidores construyeron un mausoleo para proteger su cuerpo. Desde entonces, con el paso de los siglos el cementerio fue creciendo con mausoleos y tumbas pertenecientes a las familias más importantes de Japón, e incluso tumbas corporativas para los empleados de algunas empresas. Todo el complejo ha sido declarado Patrimonio de la Humanidad y es una delicia pasear entre los gigantescos árboles, muchos de los cuales son tan antiguos como el mismo cementerio.

El paseo que lleva desde la entrada hasta el mausoleo atraviesa durante 2 km el frondoso bosque junto a cientos de tumbas. El **puente Gobyonohashi** da paso a la zona más sagrada. A mano derecha se encuentra la **piedra Miroku** en una pequeña jaula de madera. A través de una apertura se ha de coger e intentar subirla al escalón superior; los que tengan el corazón puro lo conseguirán y los de corazón impuro les será casi imposible. La mayoría de gente no puede conseguirlo. Al final de una corta escalinata se levanta la **sala de las Lámparas,** con más de 10.000 linternas donadas por los fieles. En la parte trasera se halla el mausoleo.

En el centro de Koyasan se levanta el **templo Kongobu-ji,** la sede central de la escuela Shingon. El edificio actual data del siglo XVI y cuenta con una rica colección de antiguas pinturas de grullas sobre fondos dorados en sus puertas, realizadas por el artista Kano Tanyu. En la parte trasera se halla el **jardín de Piedra,** el más grande de todo Japón, realizado con piedras traídas de la isla de Shikoku, de donde era originario Kobo Daishi. Finalmente, en el **Garan** (reciento sagrado), Kobo Daishi fundó los primeros templos en el siglo IX, que consta de varias salas y una gran pagoda, reconstruida después de que se incendiara. Koyasan también ofrece la oportunidad única de poder dormir en uno de los más de 50 templos que ofrecen habitaciones.

Info

- ✉ 100 km al sur de Kioto
- 🕐 http://eng.shukubo.net/
- 🍴 Hay algunos restaurantes durante el día, por la noche mejor cenar en el templo u hotel donde se duerme
- 🚉 Osaka, estación Namba. Coger el tren Nankai hasta Gokuraku; allí subir al teleférico hasta Koyasan. También se puede llegar desde Wakayana. Ver la web: www.nanakaikoya.jp
- 🏢 En el centro de la ciudad abierta de 8.30-17 h

Kongobu-ji
- 🕐 8.30-17 h
- 💰 1.000 ¥

▼ Cementerio de Okuno-in, en el interior de un extenso bosque.

Visita a Japón

Tokio
y
alrededores

Aunque Tokio atraiga todo el interés del visitante, y sea una ciudad fascinante para la que se debe reservar los máximos días posibles, el centro de la isla de Honshu tiene suficientes atractivos como para pasar varios días. Hay atracciones para todos los gustos, desde los espectaculares paisajes de los Alpes japoneses, hasta las pequeñas aldeas y ciudades tradicionales situadas en los estrechos valles que surcan el centro insular.

Tokio

Viendo la grandiosa ciudad en la que se ha convertido, es difícil creer que, a principios del siglo XVII, Edo era un pequeño pueblo de pescadores sin ninguna importancia. Después se convirtió en la capital del shogunato Tokugawa y posteriormente, en el siglo XIX, en capital imperial. Desde entonces Tokio ha sufrido graves desastres que la han destruido por completo una y otra vez: innumerables incendios, el Gran Terremoto de Kanto de 1923, los bombardeos de la Segunda Guerra Mundial… Pero ha sabido reinventarse una y otra vez hasta convertirse en una de las metrópolis más modernas del planeta y, gracias a su innato dinamismo, sigue cambiando sin cesar, sorprendiendo a todos los que la visitan.

El centro de histórico de la vieja Edo estaba situado en los terrenos ocupados hoy por el Palacio Imperial y los barrios de Ginza, Marunouchi y Nihombashi. Aunque aún hoy puedan considerarse el centro geográfico de Tokio, la ciudad tiene varios centros generalmente crecidos alrededor de las estaciones de tren más importantes, como son Shinjuku, Shibuya, Ueno o Ikebukuro. Es fácil visitar Tokio guiándose por estos subcentros, ya que la mayoría de atracciones se encuentran en alguno de ellos, y el eficiente metro de Tokio es ideal para moverse por la ciudad. En general Tokio es muy seguro por lo que no supone ningún problema pasear por la noche, o internarse en una zona casi desierta, aunque si se es una mujer sola mejor ser cauta y guiarse por el instinto. Mención aparte merece el caótico sistema de direcciones de Tokio que ni siquiera los mismos japoneses son capaces de descifrar; es conveniente hacerse con unos folletos que da la Oficina de Turismo y que tienen mapas detallados de los barrios más interesantes.

LO QUE HAY QUE VER EN TOKIO

AKIHABARA **★★**

Akihabara es el centro neurálgico de Tokio para todo lo referente a la electrónica y la tecnología, pero también para los amantes del manga y el *anime*. Akihabara se desarrolló en los años posteriores a la Segunda Guerra Mundial, cuando esta zona se convirtió en un importante mercado negro de elec-

¿Sabías que…?

Tokio ofrece el *Grutt Pass*, un pase que aporta descuentos o entrada gratuita a 101 museos o atracciones. El precio es de solo 2.500 ¥ y tiene una validez de dos meses desde su fecha de compra. Se puede adquirir entre abril y enero en las oficinas de turismo, en cualquiera de los museos participantes o a través de su página web (www.rekibun.or.jp/en/grutto).

f.p.
Akihabara

◄ Barrio de Shinjuku, Tokio.

SHINJUKU

ICHIGAYA KAWADACHO
ICHIGAYA NAKANO
ICHIGAYA YAKUOJIMACHI
NIJUKKIMACHI
NANDOMACHI
HARAIKATA
ICHIGAYA KAGACHO
ICHIGAYA TAKAJO
ICHIGAYA SADOHARA
ICHIGAYA TAMACH
ICHIGAYA TAKAJO
Memorial Museum of the Printing Bureau
ICHIGAYA SANAICHO
Lutheran Ichigaya Centre

ICHIGAYADAI
ICHIGAYA HONMURACHO
Ground-Self Defence Force -Ichigaya Post
ICHIGAYA
Ichigaya Hachimangu
Ichigaya

Akebonobashi
TOEI
ARAKICHO
SAKACHO
Yasukuni-Dori
Yasukuni-Dori
HONSHIOCHO
Ichigaya
JR
Ichigaya
Ichigaya
TOEI

AIZUMI
FUNAMACHI
Shinjuku Historical Museum
GOBANCHO
Sophia University Ichigaya Campus
YONBAN

Yotsuya Sanchome
Marunouchi-Line
SAN'EICHO
Sotobori Park
ROKUBANCHO
Bancho Pala

DAIKYOCHO
Shinjuku Dori
YOTSUYA
Yotsuya
JR
Shinpo-ji
NIBANCHO
Kojimachi
KO

Shin-ei-ji
Shinsei-in
St. Ignatius Church
Kojimachi

Suga Jinja
Sainen-ji
Oiwa Inari
Sofuku-ji
Sophia University
Kosai Hall
Kioicho Building

Hoon-ji
Japan Foundation

SHINANOMACHI
WAKABA
KIOICHO
Shimizudani Park
HIF

MINAMIMOTOMACHI
Shinanomachi
JR Chuo-Sobu-Line
Shuto No.4
Nambuku Line
New Otani Garden Court

Shuto No.4
Meiji Memorial Picture Gallery
Meijikinenkan
State Guesthouse (Former Akasaka Palace)

KASUMIGAOKA
Meiji Shrine Outer Garden
Togu Palace (Akasaka Palace)
Outer Gardens of the Meiji Shrine
Mansion of Prince Chicibu
Kajima Building
Suntory Museum of Art
Na

MOTOAKASAKA
Toyokawaiari
Akasaka Fudoson
Akasaka

Mansion of Prince Mikasa
Jodo-ji

KITAAOYAMA
Jinju Baseball Stadium
Aoyama-itchome
TOEI
Korekiyo Takabashi Memorial Park
Entsu-ji
Jogen-ji
Akasaka Theatre TBS Hall

Aoyama Twin Towers
OAG Hall
Green Park Akasaka
Akasaka

Ginza Line: Hanzomon Line
Aoyama-Dori
Hitotsugi Park
Kokusai Shin Akasaka Building
Hikawa Park

Gaiemmae
Aoyama Tower Building
Ryokusozen-ji
Aoba Park
Nogi Jinja
AKASAKA

Baiso-ji
Ryusen-ji
Gen. Nogi Mansion
Chiyoda Line
Nogi Park
Hikawa Jinja

MINAMIAOYAMA
Nogizaka

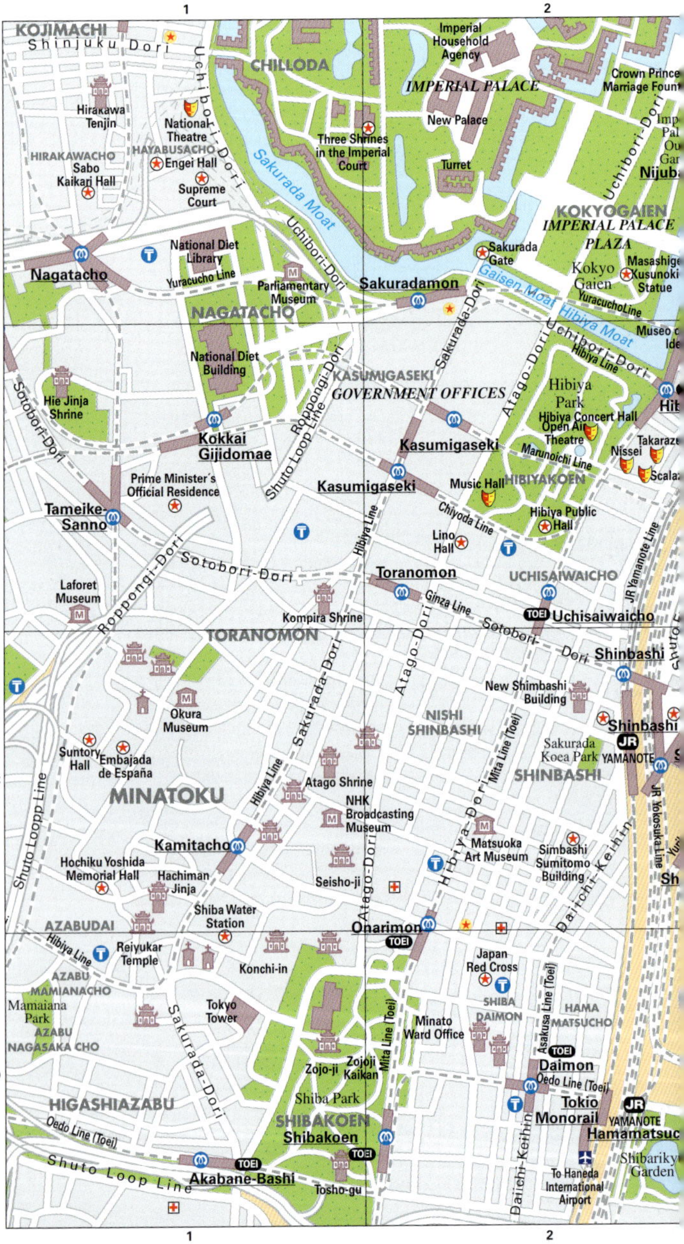

KOJIMACHI
Shinjuku Dori

CHIYODA

Imperial Household Agency

IMPERIAL PALACE

Crown Prince Marriage Foun

Hirakawa Tenjin

New Palace

Imp Pal Ou Gar

Three Shrines in the Imperial Court

KOKYOGAIEN

IMPERIAL PALACE PLAZA

National-Theatre

HIRAKAWACHO
Sabo Kaikari Hall

HAYABUSACHO

Engei Hall

Supreme Court

Turret

Nijub

A

Uchibori-Dori

Sakurada Moat

Sakurada Gate

Masashige Kusunoki Statue

Kokyo Gaien

Museo c Ide

National Diet Library
Yurakucho Line

Nagatacho

Gaisen Moat

Yurakucho Line

Parliamentary Museum

NAGATACHO

Sakuradamon

Hibiya Moat

National Diet Building

KASUMIGASEKI
GOVERNMENT OFFICES

Hibiya Park

Hit

Hie Jinja Shrine

Hibiya Concert Hall Open Air Theatre

Museo c Ide

Kokkai Gijidomae

Kasumigaseki

Marunouchi Line

Takaraz

Nissei

Scala-

B

Prime Minister's Official Residence

Kasumigaseki

Music Hall

HIBIYAKOEN

Shuto Loop Line

Tameike-Sanno

Chiyoda Line

Hibiya Public Hall

Iino Hall

Roppongi-Dori

Sotobori-Dori

Toranomon

Hibiya Line

UCHISAIWAICHO

Laforet Museum

Ginza Line

Uchisaiwaicho

TOEI

JR Yamanote Line

Kompira Shrine

Shinbashi

Sotobori Dori

TORANOMON

New Shimbashi Building

Shinbashi

Atago-Dori

Okura Museum

NISHI SHINBASHI

Sakurada Koea Park

YAMANOTE

JR

C

Suntory Hall

Embajada de España

Sakurada-Dori

MINATOKU

Atago Shrine

SHINBASHI

Mita Line (Toei)

JR Yokosuka Line

Kamitacho

Hibiya Line

NHK Broadcasting Museum

Matsuoka Art Museum

Sh

Hochiku Yoshida Memorial Hall

Hachiman Jinja

Seisho-ji

Simbashi Sumitomo Building

Shiba Water Station

Onarimon

TOEI

AZABUDAI

Hibiya Line

Reiyukar Temple

Japan Red Cross

Asakusa Line (Toei)

HAMA MATSUCHO

AZABU MAMIANACHO

Konchi-in

Mamaiana Park

AZABU NAGASAKA CHO

Tokyo Tower

Minato Ward Office

SHIBA DAIMON

Mita Line (Toei)

D

Daimon

TOEI

Oedo Line (Toei)

Zojoji Kaikan

Zojo-ji

HIGASHIAZABU

Shiba Park

Tokio Monorail

JR

SHIBAKOEN

Shibakoen

Daiichi-Keihin

Hamamatsuc

Shibariky Garden

Oedo Line (Toei)

Shuto Loop Line

Akabane-Bashi

TOEI

Tosho-gu

To Haneda International Airport

▼ La puerta de Kaminarimon, del templo de Senso-ji, con su gran linterna de papel.

⏱ f.p.
🚇 Asakusa

Senso-ji
⏱ 6.30-17 h
🎫 gratis

trónica. El mundo del manga llegó aquí a mediados de la década de los noventa y en poco tiempo se convirtió en el paraíso de los *otaku,* los fanáticos del manga y el *anime.* El barrio resulta más interesante por las tardes y los fines de semana, cuando aparecen todo tipo de personajes: *maid* (chicas jóvenes disfrazadas de doncellas de la época victoriana) repartiendo publicidad, gente disfrazada de personajes de manga y todo tipo de *freakis.*

Un fenómeno curioso que vale la pena visitar es el de los **Maid Cafe,** que son bares destinados a los *otaku,* donde las camareras van disfrazadas de criadas y tratan a los clientes como si fueran sus amos. El concepto, al contrario que en otros ámbitos de Japón, dista de ser sexual y se promueve la ingenuidad de las criadas y el trato cariñoso hacia el cliente. Por algo más de dinero, el cliente puede jugar con la camarera a juegos de mesa, al típico piedra, papel o tijera, o charlar con ella un rato.

| ASAKUSA ***

Hasta la Segunda Guerra Mundial, Asakusa era el lugar de diversión por excelencia de Tokio, con infinidad de teatros de variedades, acróbatas, magos, *kabuki,* bares y restaurantes para toda la gente que quería disfrutar de la noche. Aunque aquellos tiempos de diversión desenfrenada hayan quedado atrás y el barrio duerma por la noches, Asakusa sigue siendo un lugar perfecto para hacerse una idea de cómo era Tokio en el pasado.

La **puerta de Kaminarimon,** con su gran linterna de papel colgando de ella, da entrada al recinto del **templo de Senso-ji,** el núcleo de Asakusa. Primero se debe atravesar la concurrida **Nakamise-dori,** una calle que tomó su aspecto actual en 1685 cuando a los templos subsidiarios de Senso-ji se les permitió montar pequeños puestos de recuerdos, una tradición que aún hoy continua viva, con decenas de tiendas que venden todo tipos de souvenirs a lo largo de sus 250 m. El templo consta de una sala principal donde se venera a la diosa Kannon y una pagoda de 55 m de altura, la segunda más alta de Japón.

Cuenta la leyenda que una estatua de Kannon, la diosa de la Misericordia, fue encontrada en el río Sumida en el año 628 por dos pescadores. Aunque devolvieron la estatua al río varias veces, esta volvía una y otra vez a ellos. El jefe del pueblo percibió la santidad de la estatua y convirtió su propia casa en un pequeño templo en Asakusa para que los habitantes del pueblo pudieran venerar a Kannon. La sala principal es una reconstrucción realizada en 1958,

▲ Vista del conjunto del templo de Senso-ji.

dado que la última que databa de 1649 fue destruida en los bombardeos que sufrió Tokio durante la Segunda Guerra Mundial.

Junto al templo, se encuentra el **santuario de Asakusa,** donde se celebra el festival más importante de Tokio en el mes de mayo: el Sanja Matsuri. El santuario fue construido por Tokugawa Iemitsu en el 1649 en honor a los dos pescadores y al jefe del pueblo que fundaron el templo de Senso-ji y tiene un gran valor histórico, ya que salió indemne de la guerra.

| HARAJUKU Y OMOTESANDO ★★★

Harajuku es uno de los rincones más interesantes y agradables de Tokio, tanto por su animado ambiente con gran cantidad de terrazas y calles peatonales, como por la excentricidad de algunos de sus visitantes. Omotesando es la avenida principal, una calle arbolada con mucho encanto con tiendas de lujo proyectadas por reconocidos arquitectos; especialmente rompedoras son las **tiendas** de Tod's, Prada y Hugo Boss.

Las calles traseras son un paraíso para el paseante. Aunque carezcan de las luces de neón de Shibuya o del ambiente nocturno de Shinjuku, tienen un aire casi europeo, con multitud de pequeños cafés, calles estrechas arboladas y tiendas de ropa a precios asequibles en edificios pequeños pero de atractivos diseños modernos. La vía más entretenida del barrio es **Takeshita-dori,** una concurrida calle peatonal que se ha convertido en el centro de

🕐 f.p.
🚇 Harajuku, Omotesando, Meiji-Jingumae

🕐 II, B3

Ginza
🚇 Ginza

Tokyo International Forum
🚇 Yurakucho
🌐 www.t-i-forum.co.jp
🕐 8-23 h
🎫 gratis

la moda juvenil en Harajuku. Los fines de semana apenas se puede andar debido a la gran cantidad de transeúntes, pero también es el momento más interesante, pues es entonces cuando se ven los modelos más estrafalarios. Otra calle recomendable es la **Cat Street** (calle del Gato), perpendicular a Omotesando.

Junto a Harajuku se encuentra el **parque de Yoyogi,** un gigantesco oasis siempre concurrido, pero especialmente los fines de semana, cuando todo tipo de gente viene aquí a bailar, hacer deporte, o ensayar coreografías. Frente al parque, al otro lado de la calle, se levanta el **Estadio Nacional de Yoyogi,** diseñado por Tange Kenzo para los Juegos Olímpicos del 64. Vale la pena aprovechar la visita al barrio e ir al **santuario Meiji-Jingu** (▶43) y al **Museo de Arte Memorial de Ota** (▶45).

❙ GINZA   **

El barrio que es hoy sinónimo de lujo fue durante siglos una zona humilde, hasta que en 1872 quedó destruido por un incendio y se reconstruyó con edificios de ladrillo de estilo europeo resistentes al fuego, convirtiéndose junto a Marunouchi en el estandarte de los nuevos tiempos. Como tantos otros lugares de la capital, Ginza fue completamente destruido por el Gran Terremoto de Kanto en 1923, y los bombardeos de la Segunda Guerra Mundial no hicieron más que completar el trabajo. Resurgida de sus cenizas, hoy es un reducto de lujo con cientos de tiendas de las marcas más exclusivas…

En su centro neurálgico, Ginza 4-chome, se alza el edificio **Wako,** que alberga unos exclusivos grandes almacenes que han sido un punto de encuentro desde que se construyera la torre del reloj, en 1932. Los fines de semana, **Chuo-dori,** también conocida como Ginza-dori, se cierra al tráfico rodado para que los transeúntes puedan pasear por toda la calle o sentarse en una terraza. Tal como sucede en Omotesando y Aoyama, algunas **tiendas** de lujo se han convertido en atracciones turísticas por los espectaculares diseños arquitectónicos de los edificios que ocupan, como Chanel, Louis Vuitton y Mikimoto.

Desde Ginza se puede caminar hacia el cercano barrio de Marunouchi y visitar, junto a la estación de Yurakucho, el **Forum de Tokio,** que sobresale de entre los edificios circundantes como un moderno barco de cristal. Vale la pena entrar para ver el edificio desde dentro que asemeja al esqueleto de una ballena.

JARDÍN HAMA-RIKYU ✳

Este jardín es uno de los más hermosos de la ciudad, y es famoso por su gran estanque que baña dos islas unidas a la orilla por puentes de madera. Durante gran parte del periodo Edo fue propiedad de los shogunes que lo utilizaban como lugar para cazar patos. No fue abierto al público hasta 1945. Un poco más al sur también está el **jardín Kyu-Shiba-rikyu**, más pequeño pero también recomendable.

- II, D3
- 1-1 Hama-rikyu-teien
- 3541-0200
- 9-17 h
- Shiodome
- 300 ¥

JARDÍN ORIENTAL DEL PALACIO IMPERIAL (KOKYO HIGASHI GYOEN) ✳

Estos jardines, aunque asemejan más a un parque, son uno de los pocos lugares del recinto del Palacio Imperial donde se permite la entrada, y ocu-

- I, B4
- Chiyoda, Chiyoda-ku
- Mar-jue y fin de semana de 9-16.30 h
- Otemachi, Takebashi
- Gratis

pan el emplazamiento del antiguo castillo de Edo. La principal puerta de entrada es la **Ote-mon**, en Uchibori-dori, que fue antiguamente la puerta principal de entrada al castillo. Las otras dos puertas son **Hirakawa-mon**, junto al puente Takebashi, y **Kita-Hanebashimon**, que da acceso directo a Kitanomaru-koen. Como medida de seguridad se entrega al visitante una ficha que se debe devolver al salir.

▲ Jardín Hama-Rikyu, uno de los más hermosos de la ciudad.

◀ Takeshita-dori, zona comercial y punto de encuentro de la juventud.

MEIJI-JINGU ✳✳

Este santuario fue erigido en 1920 en conmemoración del emperador Meiji y la emperatriz Shoken, fallecidos en 1912 y 1914, respectivamente. El edificio actual data de 1958 ya que el original quedó destruido durante los bombardeos estadounidenses de la Segunda

- f.p.
- 1-1 Yoyogi-Kamizonocho, Shibuya-ku
- del amanecer al anochecer
- Meiji-jingumae y Harajuku
- Gratis

Guerra Mundial. Aunque sea una reconstrucción, el **santuario** es un ejemplo perfecto de la austeridad de la arquitectura Shinto, con el color oscuro de la madera del ciprés y el verde apagado de los techos de cobre como única concesión al cromatismo. El gran *torii* que da entrada al santuario está hecho con cipreses milenarios traídos desde Taiwán.

El santuario es un lugar muy popular entre los tokiotas, especialmente en Año Nuevo, cuando más de un millón de personas acuden a rezar. Además, a lo largo del año, se celebran numerosos festivales, como el Día de la Mayoría de Edad, el segundo lunes de enero, cuando centenares de jóvenes vienen aquí vestidas con kimono. La visita al santuario se puede complementar con una visita al barrio de Harajuku.

▍ MERCADO DE TSUKIJI   *

- 🕐 II, C3
- ✉ 5-2-1 Tsukiji, Chuo-ku
- 🕐 www.www.tsukiji.or.jp/english/
- 🕐 Lun-sáb de 5-10.30 h desde la madrugada hasta mediodía
- 🚇 Tsukijishijo, Tsukiji
- 💲 Gratis. Acceso limitado (120 personas)

Tras el cierre del Mercado de Tsukiji en 2018 y su traslado al moderno mercado de Toyosu, desapareció una de las grandes atracciones de Tokio. Aunque el antiguo lugar donde se levantaba el mercado haya sido derruido, aún se puede visitar el mercado exterior de Tsukiji, un mercado minorista de estilo retro donde se puede comer sushi o pescado en cualquier forma, comprar comida o productos relacionados como cuchillos u otros enseres de cocina.

▍ MUSEO DE ARTE CONTEMPORÁNEO DE TOKIO   **

- 🕐 f.p.
- ✉ 4-1-1 Miyoshi, Koto-ku
- ☎ 5245-4111
- 🕐 www.mot-art-museum.jp
- 🕐 Mar.-dom. 10-18 h
- 🚇 Kiyosumi-Shirakawa, Kiba
- 💲 500 ¥

▼ Vista exterior del Museo de Arte Contemporáneo de Tokio.

Este grandioso edificio de moderno diseño, construido en 1995, alberga una colección permanente de 4.000 obras de arte tanto de autores japoneses como extranjeros, e interesará tanto a los amantes del arte como de la arquitectura. Además de la exposición permanente, el museo celebra exposiciones temporales que acostumbran a ser de gran calidad, por lo que es muy recomendable consultar en su página web para saber la exposición actual.

▮ MUSEO DE ARTE MEMORIAL DE OTA (OTA KINEN BIJUTSUKAN) ★★

Este museo alberga una impresionante colección de grabados *ukiyo-e* –grabados en madera producidos en Japón entre los siglos XVII y XX– coleccionados por Seizo Ota, el antiguo presidente de la compañía de seguros Toho, que, viendo cómo algunas de las obras maestras eran compradas por extranjeros y nadie se preocupaba por la conservación de este patrimonio a nivel nacional, decidió iniciar una colección para preservar algunas de las mejores obras. El museo tiene hoy en día unos 12.000 grabados y es, sin duda, la mejor colección de *ukiyo-e* de todo Tokio.

f.p.
1-10-10 Jinguame, Shibuya-ku
3403-0880
www.ukiyoe-ota-muse.jp
Mar.-dom. 10.30-17.30 h
Harajuku, Meiji-jingumae
entre 800 y 1200 ¥

▮ RYOGOKU ★★

Este barrio, cercano al turístico barrio de Asakusa, es famoso por ser el centro del sumo en Japón. Hay gran cantidad de "establos" donde entrenan los luchadores de este popular deporte y que permiten la entrada a turistas (si se desea visitarlo es mejor reservar a través de la Oficina de Turismo puesto que es necesario hacer las reservas por teléfono y hablar japonés), además del gran estadio Kokugikan donde se celebran los torneos de sumo en enero, mayo y septiembre.

f.p.
1-4-1 Yokoami, Sumida-ku
3626-9974
www.edo-tokyo-museum.or.jp
cerrado por reformas hasta el 2025
Ryogoku

▲ En Ryogoku se respira sumo por sus rincones, en especial durante la celebración del Gran Torneo de Enero.

En el barrio también se encuentra el **Museo de Edo Tokio,** uno de los mejores museos para sumergirse en la historia de Tokio durante el periodo Edo. El museo está situado en un inconfundible edificio con una altura de 62 m, la misma que tenía el castillo de Edo. Explica la historia de Tokio a través de maquetas tanto en miniatura como a tamaño real de manera muy amena. Además, todo está rotulado en inglés y permite tocar muchos de los objetos expuestos o pasear por el interior de la reproducción de los antiguos edificios. Desgraciadamente estará cerrado por reformas hasta 2025.

MUSEO GHIBLI ⭐⭐

Es uno de los museos más mágicos de Japón. Conseguir una entrada para Ghibli no es fácil ya que para preservar la calidad de las visitas el museo controla la afluencia de visitantes. Para conseguir una entrada se ha de reservar con antelación. La manera más fácil es a través de la web de Lawson (https://l-tike.com/st1/ghibli-en/sitetop). También se pueden comprar a través de las oficinas de JTB en el extranjero, o una vez en el país, en los *kombini* Lawson.

Una vez dentro, el visitante penetra en el mundo mágico de Miyazaki Hayao, uno de los más conocidos autores de anime, con clásicos como *La Princesa Mononoke* o *Mi vecino Totoro*. Aunque los niños son los que más disfrutan con el museo, cualquier adulto que haya visto alguna de las películas producidas en los estudios Ghibli saldrá encantado.

MUSEO NACIONAL DE ARTE MODERNO ⭐⭐

Este es uno de los mejores museos de la capital japonesa y está dedicado al arte realizado en el país desde el periodo Meiji (1868-1912) hasta nuestros días.

Consta de cuatro pisos: el primero está dedicado a exposiciones especiales, el segundo al arte contemporáneo realizado desde los años setenta hasta nuestros días, el tercer piso expone obras realizadas durante y después de la Segunda Guerra Mundial, y el último engloba el arte creado desde el periodo Meiji hasta el estallido de la guerra.

Información lateral:

🕐 f.p.
✉ 1-1-83 Shimo-Renjaku, Mitaka-shi
🌐 www.ghibli-museum.jp
🕐 Mie-lun. 10-18 h
🚉 Mitaka (JR Chuo), y autobús lanzadera desde la estación
💰 1.000 ¥

🕐 I, B4
✉ 3-1 Kitanomaru-koen, Chiyoda-ku
☎ 5777-8600
🌐 www.momat.go.jp
🕐 Mar-jue. y dom. 10-17 h, vie y sáb. 10-20 h
🚉 Takebashi
💰 500 ¥

◀ Puente Rainbow, puerta de entrada a la isla de Odaiba, desde donde se puede contemplar un espectacular anochecer sobre Tokio.

MUSEO NACIONAL DE ARTE OCCIDENTAL ✱

Otro de los museos situado en el parque de Ueno, que, como su propio nombre indica, está dedicado a la pintura y escultura occidental. El edificio fue diseñado por el famoso arquitecto francés Le Corbusier, como símbolo de la amistad entre Francia y Japón después de la Segunda Guerra Mundial, y alberga una rica colección de artistas tan reconocidos como Rubens, Monet, Gaugin, Picasso o Miró, y varias esculturas de Rodin. Además, organiza interesantes exposiciones temporales, por lo que es recomendable consultar su página web.

- 🕐 f.p.
- ✉ 7-7 Ueno-koen, Taito-ku
- ☎ 3828-5131
- 🖥 www.nmwa.go.jp
- 🕐 Mar.-dom. 9.30-17.30 h
- 🚇 Ueno
- 💰 500 ¥

ODAIBA ✱✱✱

Odaiba fue creada en 1851 como una cadena de fortalezas para defender la bahía de Tokio. La zona se expandió en los años ochenta, pero no fue hasta finales de los noventa cuando se desarrolló. Odaiba es un lugar ideal para pasar la tarde y ver anochecer, o tomar una cerveza junto al mar. La puerta de entrada es el espectacular **puente Rainbow,** de 570 m de longitud, que se puede cruzar andando si se para en la estación de Shibaura Futo.

Nada más llegar a la isla aparece una playa artificial que se llena a rebosar durante los meses de verano, pero donde está prohibido bañarse. El primer edificio que llama la atención es el de la **Fuji TV,** diseñado por el famoso arquitecto japonés Tange Kenzo. Frente a él se halla el centro comercial **Odaiba Decks,** que acoge todo tipo de

- 🕐 f.p.
- 🚉 línea Yurikamome

Miraikan (Museo Nacional de la Ciencia)
- 🖥 www.kahaku.go.jp/english/
- 🕐 Mar.-jue. 9-17 h, vie. y fin. sem. 9-20 h
- 🚇 Telecom Center
- 💰 620 ¥

· · · · · · · · ·

🕐 f.p.

✉ Mori Tower, piso 52-53, 6-10-1 Roppongi, Minato-ku

☎ 5777-8600

🌐 www.mori.art.museum

🕐 Mié.-lun. 10-22 h, mar. 10-17 h

🚇 Roppongi

💴 2.300 ¥

▲ Estatua de Hachiko, el perro fiel, popular punto de encuentro de la estación de Shibuya.

tiendas y restaurantes, además del **Joypolis de Sega** (▶125).

Frente al centro comercial hay un mirador donde se levanta una réplica de la estatua de la Libertad. Otro lugar interesante en Odaiba es el excelente Miraikan o **Museo Nacional de la Ciencia** (▶125), especialmente enfocado a los más jóvenes que disfrutarán gracias a la interactividad de las expo-siciones. La zona más interesante para muchos es la dedicada a la innovación y el futuro, con un fuerte énfasis en los robots.

❚ TOKYO CITY VIEW Y MUSEO DE ARTE MORI ★★★

Situado en lo alto de la mastodóntica Torre Mori, parte del complejo Roppongi Hills, el Museo de Arte Mori es una excelente sala de exposiciones con un programa muy variado, generalmente enfocado al arte contemporáneo. Aunque muchos vengan aquí por la calidad de las exposiciones, la gran mayoría vienen a gozar de las vistas privilegiadas que ofrece el **Sky Deck** (cuando se compre el billete se ha de pedir con la visita al Sky Deck incluida), una platafor-ma al aire libre situada en el techo del rascacielos.

Las vistas de 360º son, sin ninguna duda, las me-jores de la ciudad gracias a la posición de Roppongi, que permite ver desde la bahía de Tokio a los rasca-cielos de Shinjuku. Es especialmente recomendable venir a última hora de la tarde para contemplar el

anochecer y ver cómo las luces de la ciudad se van encendiendo.

Hay que tener en cuenta que al estar al aire libre es susceptible de ser cerrada cuando hay viento o lluvia, así que es mejor ir un día poco ventoso y sin posibilidad de lluvia para asegurarse el acceso.

| SHIBUYA ★★★

Shibuya es uno de los barrios más conocidos de Tokio y el centro de su cultura juvenil, el lugar donde se crean las modas, donde los jóvenes acuden en manadas a comprar, divertirse o simplemente mostrar los últimos modelos recién salidos de las innumerables tiendas y centros comerciales.

Es recomendable visitar Shibuya al anochecer, cuando las luces de neón que cubren todos los edificios se iluminan creando un universo de luz y color. El barrio y la estación llevan varios años sumido en una gran reforma que terminará en el 2027. El centro neurálgico de Shibuya, es la estatua del **perro Hachiko.** Frente a la estatua del perro se halla el **cruce de Shibuya,** el cruce peatonal más concurrido del mundo. El mejor lugar para contemplar el espectáculo con total tranquilidad mientras se toma un café es en el *Starbucks* del segundo piso justo frente al cruce.

Al otro lado se halla la calle peatonal **Center Gai,** donde se alinean multitud de tiendas de ropa, restaurantes, y bares frecuentados por miles de jóvenes. El corazón de la moda juvenil son los grandes almacenes

🕐 f.p.
🚇 Shibuya. Salida Hachiko

Shibuya Sky
🕐 10-22.30 h
🎫 2.200 ¥
🌐 www.shibuya-scramble-square.com.e.apy.hp.transer.com/sky/

◀ Por la noche, las luces de neón iluminan el distrito de Shibuya, centro de cultura juvenil.

109, diez pisos ocupados por decenas de pequeñas boutiques de todos los estilos. Otro lugar curioso es la **colina de los** *love hotels,* donde además de varios clubes de música y otros lugares de entretenimiento para adultos, hay infinidad de estos hoteles.

La última atracción en llegar ha sido el rascacielos de 47 pisos Shibuya Scramble, con su mirador al aire libre **Shibuya Sky**. Este espectacular mirador permite disfrutar de unas vistas espectaculares al aire libre con tan solo un cristal de por medio. Sin duda se ha convertido desde su apertura en uno de los mejores miradores de Tokio. Eso sí, es necesario reservar con unos días de antelación a través de su web para conseguir un sitio.

❚ SHIMO-KITAZAWA ✱

Shimokita es uno de los barrios más populares de Tokio entre la gente joven y alternativa.

Aunque carece de atracciones turísticas, resulta muy agradable pasear por sus estrechas callejuelas especialmente por la noche, para ver el ambiente desenfadado del barrio, sembrado de bares, restaurantes y salas de conciertos, o simplemente para comprar, ya que hay gran cantidad de tiendas de ropa y de discos de segunda mano. La estación tiene dos salidas y conviene ver ambos lados del barrio.

⊙ f.p.
🚉 Shimo-Kitazawa en la línea Odakyu

▍ TORRE DE TOKIO ✳

Sin duda la Torre de Tokio es uno de lo símbolos de la ciudad. Se construyó en 1958 tratando de imitar a la torre Eiffel de París, aunque superó su altura por 13 m, llegando hasta los 333 m.

Aunque su figura ya no resulte tan espectacular como en la época en la que fue levantada, sigue brindando unas vistas privilegiadas de la ciudad desde su observatorio superior, especialmente por la noche (pero si se tiene que escoger es mejor ir al Sky Deck del Museo de Arte Mori).

● ● ● ● ● ● ● ●

🕐 II, D1
✉ 4-2-8 Shiba-koen, Minato-ku
🖥 www.tokyotower.co.jp
🕐 9-22 h
🚇 Kamiyacho o Akabanebashi
💳 1.200 ¥ mirador principal,
2.800 ¥ mirador principal
y superior

▍ TOKYO SKY TREE ✳✳

Inaugurada el 22 de mayo de 2012, la torre Tokyo Sky Tree es una de las grandes atracciones de la ciudad; una torre de comunicaciones de 634 m con dos miradores: el primero a 350 m y el segundo, un espectacular pasillo acristalado, a 450 m.

Ambos ofrecen unas vistas impresionantes de Tokio y toda la región, aunque el precio es caro y hay bastante cola para acceder.

● ● ● ● ● ● ● ●

🕐 f.p.
🖥 www.tokyo-skytree.jp
🕐 8-22 h
🚇 Oshiage
💳 2.100 ¥ primer mirador, y
3.100 ¥ dos miradores

▍ UENO-KOEN (PARQUE DE UENO) ✳✳

El parque de Ueno es una de las grandes extensiones verdes de Tokio, y posiblemente una de las más aprovechadas, pues en sus aledaños hay la mayor

◄ Torre de Tokio (página anterior) y Tokyo Sky Tree, en esta página, dos grandes atracciones de la ciudad.

UN PASEO A PIE

Por Asakusa

Distancia
2 km aproximadamente.

Duración
2-3 horas con paradas.

Punto de inicio
Puerta Kaminarimon
🚇 Asakusa

Punto de llegada
Cruce Kappabashi Dogugai
con Asakusa-dori
🚇 Tawaramachi.

Comida
Irokawa
✉ 2-6-11 Kaminarimon,
   Taito-ku
☎ 3844-1187

▎Este recorrido por el antiguo barrio de Asakusa permitirá hacerse una idea de uno de los lugares más interesantes de Tokio. El lugar para iniciar el recorrido es la famosa **puerta de Kaminarimon**.

Pasando bajo la gran linterna roja se debe continuar por **Nakamise-dori,** tratando de resistir las tentaciones ante tantas tiendas de recuerdos.

▎Nakamise-dori termina en **Senso-ji** (▶40), el templo más famoso de Tokio. Junto a él se encuentra el pequeño santuario **Asakusa-jinja**.

Una vez visitados se debe tomar una calle que sale a la izquierda del templo. Lo mejor para guiarse es usar como indicador las atracciones elevadas del parque de atracciones de **Hanayashiki**.

▎Pasando junto al parque de atracciones siga recto hasta llegar a Kokusa-dori y gire a la izquierda. Continué por Kokusa-dori durante 100 m y gire en la segunda calle a la izquierda. Llegará a una zona llena de salas de pachinko, antiguos teatros y algunos centros comerciales.

Visitada la zona, siga hacia el sur hasta encontrar la calle principal de Kaminarimon-dori y gire a la derecha hasta llegar de nuevo a Kokusai-dori.

▎Tome una de las calles que ve frente a usted y siga recto. Pasará junto al templo de Higashi-Honganji antes de llegar a **Kappabashi Dogugai.**

Esta es una calle destinada a la venta al por mayor de artículos a restaurantes. Es aquí donde se venden esas increíbles reproducciones hechas de plástico que se exponen en los escaparates de los restaurantes. Se puede terminar la vista en la confluencia con Asakusa-dori, donde hay una grandiosa cabeza de un chef sobre un edificio.

▼ Pagoda de Senso-ji.

concentración de museos de la capital. Los orígenes del parque datan del siglo XVII, cuando los expertos en feng shui y geomancia aconsejaron al Shogun que para proteger su residencia de los malos espíritus debía construir un gran templo al norte del castillo.

La mayor parte del antiguo complejo ya no existe, y Ueno se convirtió en parque público en 1873. Durante la época de florecimiento de los cerezos, a principios de abril, el parque se llena de tokiotas que vienen a contemplar la belleza circundante, mientras pasean, hacen *picnic* o cantan karaoke.

La principal atracción es su gran variedad de museos: los dos más recomendables son el **Museo Nacional de Tokio** (▶22) y el **Museo Nacional de Arte Occidental** (▶47); y el **santuario de Toshogu**, que fue uno de los pocos edificios que sobrevivió al terremoto de 1923. Este santuario está dedicado al primero shogun Tokugawa, y es una pequeña reproducción del de Nikko, aunque sin su riqueza en detalles.

🕐 f.p.
🚇 Ueno

Santuario de Toshogu
🕐 9-16.30 h
💰 Gratis

I YANAKA ⭐⭐

Yanaka es el barrio de Tokio que mejor ha sabido preservar el ambiente de antaño. Esta zona al norte del parque de Ueno fue desarrollada durante el periodo Edo para albergar gran cantidad de templos, la mayoría de los cuales han sobrevivido hasta nuestros días, desde los más majestuoso a los que apenas cuenta con una pequeña sala. Obviamente, la mejor manera de explorar Yanaka es a pie, libre de mapas y con todo el tiempo para disfrutar de un tranquilo paseo por las laberínticas calles.

Los que prefieran tener un objetivo pueden ir a visitar el **templo de Tenno-ji**, que fue uno de los más grandes de Tokio en el pasado, aunque hoy es tan solo una sombra del original destruido en 1868; o el vasto **cementerio de Yanaka**, de los más grandes y bonitos de Tokio, especialmente durante la época de *sakura* o florecimiento de los cerezos.

Aunque hoy el cementerio pueda parecer un lugar olvidado, no siempre fue así, ya que durante el periodo Edo las casas de té que lo rodeaban escondían tras su respetable apariencia burdeles y casas de apuestas.

🕐 f.p.
🚇 Nippori

▼ Buda en el parque de Ueno.

I YAYOI KUSAMA MUSEUM

Primer museo dedicado a la artista japonesa que da nombre al sitio. Está situado en el distrito de Shinjuku. Para acceder al mismo hay que comprar previamente las entradas en la web (no hay venta en taquilla, solo venta anticipada a través de la web).

🕐 f.p.
📅 Jue.-dom. de 11-17 h. Consultar web.
💰 1.100 ¥
🚇 Shinjuku
🌐 http:// yayoikusamamuseum.jp

LO QUE HAY QUE VER
EN LOS ALREDEDORES DE TOKIO

❙ KAMAKURA   ✱✱

✉ 50 km al sur de Tokio
🛈 Estación de tren Kamakura;
   abierto de 9 h a 17.30 h
🕐 Templos de 8-17 h
🚉 Kamakura desde Tokio
   en la línea JR Yokosuka

Kamakura fue la capital política y económica de Japón entre el 1180 y el 1333 y muchos de los templos y santuarios fundados en aquel glorioso periodo aún están en pie o han sido reconstruidos. Antes de empezar a visitar la ciudad es imprescindible coger un mapa en la Oficina de Turismo para orientarse y encontrar los templos aquí descritos. Es recomendable coger alguno de los senderos que recorren las colinas de Kamakura, especialmente el **Daibutsu**

▲ Daibutsu, gran buda de bronce, símbolo de la ciudad de Kamakura.

Hiking Course, que lleva desde la estación de Kita Kamakura a **Daibutsu,** el gran Buda de bronce que es el símbolo de la ciudad. La estatua es la segunda más grande de Japón, con 13 m de altura, y fue forjada en 1252, junto a una gran sala que la albergaba. Pero en 1498 un tsunami acabó con el templo y desde entonces el Buda ha permanecido al aire libre.

Muy cerca está el **templo Hase-dera,** donde hay miles de estatuas del boddhisatva Jizo, el patrón de los viajeros y los niños, alineadas como un pequeño ejército. El gran tesoro del templo está en la sala principal, donde hay una estatua de Kannon (la diosa de la Misericordia budista) tallada con 11 caras, que se cree data del siglo VIII.

Algo más alejados están **Engaku-ji**, un templo fundado en 1282 para que los monjes Zen pudieran rezar por los soldados muertos frente a las huestes de Kublai Khan; **Kencho-ji**, el templo Budista Zen más importante de Kamakura, fundado en 1253, y que aunque fue devastado por varios incendios en los siglos XIV y XV, aún permite apreciar algo de su antiguo esplendor. Muy cerca de Kencho-ji está **Tsurugaoka Hachiman-gu**, el principal santuario de Kamakura. Fundado en 1063 por Minamoto Yo-riyoshi, y ampliado y trasladado al lugar actual por Minamoto Yoritomo en 1180.

| **MONTE FUJI** (▶24) ★★★

| **NIKKO** (▶23) ★★★

| **YOKOHAMA** ★

Yokohama no era más que un pequeño pueblo de pescadores hasta 1854, cuando después de que la flota americana comandada por el Comodoro Perry forzara a Japón a abrir sus puertos al comercio extranjero, fue designada como puerto internacional. Con la riqueza traída por el comercio Yokohama se convirtió en una ciudad moderna, pero el Gran Terremoto de Kanto de 1923 la destruyó casi por completo. Hoy en día Yokohama es la segunda ciudad del país y forma parte del área metropolitana de Tokio.

El mejor lugar para empezar la visita a Yokohama es el barrio portuario de **Minato Mirai 21**, situado en islas ganadas al mar, y que ha sufrido una enorme transformación en las últimas dos décadas. También en esta zona se halla el parque de atracciones **Yokohama Cosmoworld,** que tiene una de las norias más altas del mundo con 112 m y una divertida montaña rusa entre otras atracciones.

Siguiendo el paseo que sale del Cosmoworld se llega a los **Almacenes de Ladrillo Rojo,**construidos hace un siglo y que se han convertido en uno de los símbolos del pasado de Yokohama. Han sido bellamente restaurados y convertidos en un zona de ocio con restaurantes, tiendas y salas de exposiciones. La otra atracción de Yokohama es **Chinatown**; este pedazo de China en Japón tiene todo lo que se puede esperar de su nombre: cientos de restaurantes, vivos colores, aromas penetrantes… Su principal atractivo es el ambiente callejero y por lo tanto, la mejor recomendación es pasear sin rumbo.

⊠ 20 km al sur de Tokio
🖰 www.welcome.city.
yokohama.jp/eng/tourism
🛈 1-1-62 Sakuragi-cho, Minato Mirai 21; Estación de JR Yokohama; Estación de Shin-Yokohama
🚊 JR Yokohama

▼ Entrada principal de Chinatown, un pedazo de China en Yokohama.

Takayama

Aunque poco conocida para la mayoría de visitantes extranjeros, Takayama es una preciosa ciudad de la provincia de Hida que ha sabido conservar una extensa ciudad vieja herencia del periodo Edo. Además es una base perfecta desde la que explorar el centro de Honshu, especialmente los Alpes japoneses, y otros pueblos de la región; para los que dispongan de tiempo para viajar más allá de Kioto y Tokio, Takayama es una opción ideal para visitar una zona más rural de Japón

Takayama

A pesar de que Takayama tuvo una cierta importancia en el pasado, nunca fue una de las principales ciudades de Japón, ni tampoco tuvo poderosos señores feudales, ni se vio sometida a un acelerado proceso de industrialización, ni fue víctima de los bombardeos americanos de la Segunda Guerra Mundial, lo que ha permitido que grandes partes de la ciudad vieja y la mayoría de los monumentos hayan llegado hasta nuestros días.

La ciudad es lo suficientemente pequeña para realizar todas las visitas a pie, por lo que no será necesario utilizar el transporte público. La mayoría de visitantes llegan en tren, por lo que la primera parada debe ser el quiosco de la Oficina de Turismo frente la estación para hacerse con un práctico plano de la ciudad, donde están indicados todos los puntos de interés que describimos a continuación.

Para realizar algunas visitas en los alrededores será necesario coger autobuses; la estación está junto a la de trenes. Takayama además es un lugar ideal para alquilar un coche y poder así disfrutar más tranquilamente de interesantes excursiones por esta zona de Japón.

LO QUE HAY QUE VER EN TAKAYAMA

▌CIUDAD VIEJA ★★★

La ciudad vieja de Takayama es una de las mejor preservadas del país, por lo que es una delicia pasear por sus callejuelas que transportan al visitante al periodo Edo, tanto de día cuando sus tiendas de artesanía están abiertas y grandes grupos de visitantes llenan el centro, como al atardecer, cuando las tiendas ya han cerrado y Takayama parece sumirse en un intenso letargo, tan solo iluminadas por la tenue luz de las farolas. La ciudad vieja se encuentra al otro lado del río y consta de varias calles paralelas a él.

Las calles más visitadas son **Sannomachi** y **Ninomachi,** pero vale la pena perderse un poco y dejar atrás las multitudes. Además de las tiendas de artesanía, muchas de las cuales merecen una visita, hay varias antiguas destilerías de saque, fácilmente reconocibles por sus *sugidama* (grandes bolas de hojas de cedro secas que cuelgan sobre la puerta). La mayoría ofrecen visitas guiadas y catas.

▲ Marioneta en un *yatai* en el festival de primavera de Takayama.

◀ Japoneses con sus trajes tradicionales desfilando en el festival de otoño en Takayama.

- Afueras de Takayama.
- www.hidanosato-tpo.jp
- 8.30-17 h. Cierra jue.
- Autobús Sarubobo desde estación de tren, o andando 30 minutos
- 700 ¥

▲ Un detalle de los festivales de otoño y primavera en Takayama.

- Mercado de Miyagawa junto al río; mercado Jinya-mae frente a Takayama Jinya
- 7-12 h

- 75 Kamiichino-machi
- 9-21 h
- Gratis

HIDA NO SATO ★★

Este museo al aire libre, situado en una arbolada colina a las afueras de Takayama, cuenta con más de 30 casas tradicionales traídas de toda la región y es el lugar perfecto para los que no tengan tiempo de realizar ninguna excursión a Shirakawa-go o simplemente quieran saber más de cómo se vivía no hace tanto tiempo en los pueblos japoneses.

Las casas han sido cuidadosamente trasladadas y preservadas, y en su interior hay exposiciones que explican cómo vivían las familias. Incluso pueden verse algunos artesanos en sus talleres, fabricando objetos tradicionales tal y como se han venido haciendo desde hace siglos. Es una visita que interesará tanto a los mayores como a los niños, puesto que al estar situado al aire libre es perfecto para pasear y hay juegos tradicionales junto a un pequeño lago.

HIGASHIYAMA ★★★

Higashiyama es uno de las zonas de Takayama más bonitas y afortunadamente mucho menos visitada que el centro. Este barrio es famoso por su colección de templos budistas escondidos entre tranquilas calles y zonas boscosas, que permiten hacer un recorrido perfecto para conocer este apacible área de la ciudad.

Cuenta la leyenda que semejante número de templos fueron construidos en la época del señor feudal Kanamori Nagachika, que adoraba tanto Kioto que quiso hacer construir en su ciudad una zona que asemejara a las zonas de templos de esta ciudad. La mejor hora para venir a dar un paseo es a última hora de la tarde.

MERCADOS MATUTINOS ★

Estos pequeños y tranquilos mercados se montan cada mañana y cuentan con puestos que ofrecen frutas, vegetales, flores y encurtidos traídos por agricultores de la zona. También hay puestos de artesanía y souvenirs, por lo que vale la pena darse un paseo antes de realizar las visitas por la ciudad.

MUSEO DE HISTORIA Y ARTE DE TAKAYAMA ★

El museo está situado en unos grandes almacenes que antaño pertenecieron a dos ricos comerciantes. Recorriendo sus salas se puede aprender más sobre Takayama y la región de Hida, mediante exposiciones que van desde la historia de la ciudad o al estilo de las casas hasta el Festival de Takayama o las artes aplicadas típicas de la región.

I TAKAYAMA JINYA ★★

La casa del gobernador del periodo Edo es una de las mejores visitas que se puede realizar en Takayama. Aunque antiguamente había más de 60 de este tipo de edificios por todo Japón, la de Takayama es la única que se ha conservado hasta nuestros días, y permite imaginar cómo vivían en aquella época los gobernadores provinciales del shogunato.

El edificio estuvo en funcionamiento hasta 1969 y las habitaciones están perfectamente preservadas. Son especialmente interesantes la sala de interrogatorios, los lavabos y el antiguo almacén de arroz, el más grande de todo Japón en aquel período, que hoy alberga un museo.

▨ 1-5 Hachiken-machi
🕐 Mar.-oct. (excepto ago.), 8.45-17 h
🗄 430 ¥

▼ Vista exterio del Takayama Jinya o casa del gobernador.

I TAKAYAMA YATAI KAIKAN ★

Los que no hayan tenido la oportunidad de venir a Takayama durante el festival de primavera o otoño pueden acudir a este museo situado cerca del santuario Hachiman para hacerse una idea de cómo es. En sus salas hay expuestos cuatro de los once *yatai* que se utilizan durante el festival de otoño, construidos hace más de dos siglos y ricamente decorados. Se cree que el origen de estas carrozas se remonta a hace siglos, cuando los habitantes acuciados por las plagas decidieron intentar apaciguar a los dioses haciendo desfilar estas carrozas dedicadas a ellos.

Como finalmente funcionó, se construyeron *yatai* más elaborados y se estableció la costumbre de hacerlos desfilar en primavera (para pedir una buena cosecha) y en otoño (para dar gracias por las cosechas del año) que se ha mantenido hasta nuestros días.

▨ 178 Sakura-machi
🌐 www.hidahachimangu.jp
🕐 Mar.-nov. 8.30-17 h, dic.-feb. 9-16.30 h
🗄 1.100 ¥

Un paseo por Higashiyama

Distancia
3 km

Duración
2-3 horas con paradas

Punto de inicio
Puenta Kajibashi

Punto de llegada
Parque Shiroyama

Cena
Kyoya
✉ 1 Chome-77 Oshinmachi
(al principio del recorrido,
justo después de cruzar
el canal)
☎ 577-33-4622

I Cruzad el puente de Kajibashi y seguid a través de **Kokubun-ji** parando en algunas de las interesantes tiendas que jalonan esta avenida.

Girad a la izquierda en la tercera calle (contando la primera calle que hay junto al río) y seguid por esta tranquila callejuela. Las grandes puertas que se ven esconden algunos *yatai*.

I Al llegar al canal debéis cruzar por uno de sus puentes y girad a la derecha y seguid andando junto al canal en dirección a las arboladas colinas.

Siguiendo por esta calle, justo antes de llegar a la avenida principal, hay unas escaleras que suben en dirección al **templo Unryuji**, además se ve un cartel con *Higashiyama walking course*.

I Este será el primero de los templos por los que se irá pasando en este recorrido. Es especialmente impresionante la puerta de entrada que se dice se trajo desde el castillo de Takayama.

Seguid las flechas del *Higashiyama Walking Course*. Llegaréis primero al **templo Daio-ji**, después a **Tounin**, y tras atravesar la carretera principal con un paso subterráneo, a **Sogen-ji**.

I El siguiente templo en nuestro recorrido será **Tensho-ji**, que cuenta con un albergue adyacente, y **Hokke-ji**, uno de los más bonitos del recorrido, con un fotogénico puente de piedra.

Saliendo por su parte norte, el camino os llevará, atravesando un pequeño cementerio, a **Zenno-ji**, que cuenta con un pequeño jardín de grava rastrillado que se ha de intentar no pisar.

I El último templo del recorrido será el grandioso **Souryu-ji**. Una vez visitado se debe bajar las escaleras hasta la calle, girar a la izquierda y después la primera a la derecha que os llevará por una estrecha calle a cruzar de nuevo el canal.

Se debe seguir hasta que termine la calle, girar a la derecha y después la primera a la izquierda. Un poco más adelante hay una calle que se interna hacia la colina arbolada y que lleva hasta el **parque Shiroyama**.

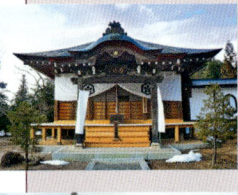

▲ Los templos se van sucediendo por el tranquilo paseo por la zona de Higashiyama.

LO QUE HAY QUE VER EN LOS ALREDEDORES DE TAKAYAMA

| KAMIKOCHI Y ALPES JAPONESES ★★★

Una visita a Takayama no estaría completa sin una excursión a la zona de los Alpes japoneses, para ver algunas de las montañas más altas del país. Aunque la mejor manera de poder disfrutar de sus espectaculares paisajes es haciendo algún *trekking* de varios días, para los que no tengan tiempo o simplemente quieran dar un paseo, la mejor opción es la zona de Kamikochi. Este estrecho valle en el corazón de los Alpes japoneses permite realizar fáciles paseos junto al río en senderos completamente llanos mientras se contemplan las montañas circundantes; hay varias rutas que van desde los 30 minutos a varias horas.

El paisaje es especialmente impresionante entre mediados y finales de octubre, cuando el bosque se cubre de un manto rojizo. Se ha de tener en cuenta que los japoneses vienen aquí a miles, por lo que los fines de semana, los meses de verano, y las semanas cuando el bosque se vuelve de color rojo, está repleto de gente.

Los que quieran subir a la cima de las montañas sin cansarse también pueden optar por ir al teleférico de **Shin-Hotaka,** que asciende hasta los 2.150 m. Entre junio y septiembre, cuando ya no hay nieve también se puede realizar rutas desde aquí. Otra opción es realizar la visita desde Matsumoto de camino a Takayama.

50 km al este de Takayama

Kamikochi
- www.kamikochi.org
- 90 minutos con cambio de bus en Hirayu Onsen, ida 2.700 ¥
- Abierto de mediados de abril al 15 de noviembre

Shin-Hotaka
- www.shinhotaka-ropeway.jp
- 90 minutos, ida 2.160 ¥
- 8.30-16.45 h
- ida: 2.900 ¥, ida/vuelta: 3.300 ¥

▼ Vista desde el puente de Tashiro, en kamikochi.

• • • • • • •

⊠ 120 km al norte de
Takayama

🚉 4 horas. Cambio de tren
en Toyama

🚌 2 horas, ida 3.330 ¥

Kenroku-en

🕐 De mar. a oct. 7-18 h,
de nov. a feb. de 8-17 h

💳 320 ¥, gratis de 5-7 h
de mar. a oct., y de 5-8 h
de oct. a feb.

**Museo de Arte
Contemporáneo
del siglo XXI**

📱 www.kanazawa21.jp

🕐 10-18 h

💳 1.200 ¥

KANAZAWA ★★

Aunque algo lejos de Takayama, Kanazawa es una
buena opción para detenerse una noche de camino
a Kioto. Su principal atracción es **Kenroku-en,** considerado históricamente uno de los tres mejores
jardines de Japón y posiblemente, el más famoso.
Este maravilloso jardín, diseñado en el siglo XVII
como parte del castillo del señor feudal, es una
delicia en cualquier estación y representa el ejemplo perfecto de este arte típicamente japonés. El
nombre significa "jardín de las seis sublimidades",
que se refiere a los seis atributos que según la antigua teoría china debe tener un jardín: artificialidad,
antigüedad, aislamiento, amplitud, agua abundante
y vistas amplias; como se podrá comprobar cumple
a la perfección estos requisitos.

Una vez visto el jardín, que se encuentra junto al
castillo completamente reconstruido, vale también
la pena visitar los barrios de **Nagamachi,** donde

antiguamente vivían los samuráis y hoy quedan algunas de aquellas antiguas villas, y de **Higashi Chaya,** el antiguo barrio de geishas donde se han conservado la mayor parte de las casas.

Los amantes del arte podrán disfrutar del **Museo de Arte Contemporáneo del siglo XXI** (Kanazawa Nijuichiseiki Bijutsukan), uno de los mejores de su clase en todo Japón, que cuenta con interesantes exposiciones temporales en un edificio que ya es una obra de arte. Finalmente, vale la pena dar un paseo por el **mercado Omicho,** especialmente por la mañana y al mediodía, para ver la gran variedad de pescado o comer en uno de sus restaurantes. Para moverse entre las diferentes atracciones lo más práctico es el *Kanazawa Loop Bus* que pasa por todos los lugares aquí descritos; el pase de un día cuesta 500 ¥.

▌ **MAGOME Y TSUMAGO** (▶30)   ★★★

◄ Kenroku-en, en Kanazawa, uno de los jardines más famosos de Japón.

📧 90 km al este de Takayama

🚄 4,5 horas. Tren a Nagoya y cambio de tren a la línea JR Shinano

🚌 2,5 horas, ida 3.190 ¥

Castillo del Cuervo
💻 www.matsumoto-castle.jp
🕐 8.30-17 h
🎟 700 ¥

Museo de Ukiyo-e
📧 2206-1, Shinkiri, Shimadachi
💻 www.japan-ukiyoe-museum.com
🕐 10-17 h
🎟 1.000 ¥

📧 50 km al norte de Takayama

🚌 50 minutos, ida: 2.600 ¥ ida/vuelta 4.600 ¥. Nohi Bus y Isite Takayama tienen tours de la zona por precios algo más baratos.

▲ Castillo del Cuervo, en Matsumoto.

▶ Ogimachi, en Shirakawa-go, declarado Patrimonio de la Humanidad por la Unesco.

❙ MATSUMOTO ✱

Matsumoto es una agradable ciudad de provincias al otro lado de los Alpes japoneses, que cuenta con uno de los castillos mejor preservados de Japón.

Situado en pleno centro de la ciudad, fue construido en el siglo XVI y es conocido como el **castillo del Cuervo** por su característico color negro. Al contrario que muchos de los castillos reconstruidos en Japón, el de Matsumoto se ha preservado en su forma original, gracias al esfuerzo de los habitantes que, a principios del siglo XX, lo salvaron de la destrucción colaborando en su restauración. Es interesante ver cómo era el interior de estas fortalezas con sus empinadas escaleras de madera o los ventanucos desde los que disparar para su defensa.

Existen otros puntos de interés son la cercana la **calle Nakamachi**, con algunas casas antiguas de comerciantes que han sido restauradas, y el **Museo de Ukiyo-e**, con una importante colección de grabados japoneses, aunque se encuentra algo alejado del centro.

❙ SHIRAKAWA-GO ✱✱✱

Esta es una de las excursiones estrella desde Takayama y una de las visitas perfectas para hacerse una idea de cómo eran antiguamente los pueblos en esta dura región en la que la nieve cubre durante meses sus remotos valles.

Esta zona, cuyo pueblo más famoso es **Ogimachi**, ha sido declarado Patrimonio de la Humanidad por la Unesco por sus famosas casas **gassho-zukuri**, que significa "construido como las manos en una oración", dado que los inclinados techos asemejan la posición de las manos de los monjes budistas durante las plegarias. Aunque el pueblo es bastante turístico, es interesante tanto por la naturaleza circundante como por la arquitectura de las propias casas.

Una vez en el pueblo vale la pena visitar alguna de las casas convertidas en museo, donde antiguamente vivían familias enteras, y subir a la **colina Shiroyama** para disfrutar de unas vistas privilegiadas. Si se tiene la oportunidad es mejor quedarse a dormir en alguna de estas casas convertidas en pensiones (se puede reservar con antelación en www.japaneseguesthouses.com), para poder disfrutar de la hospitalidad de las familias y degustar una cena típica. Si se viene en invierno el pueblo se convierte en un lugar mágico, con las casas completamente cubiertas de nieve y una iluminación nocturna especial durante estas fechas.

LO QUE HAY QUE SABER

Aquí damos algunas sugerencias para los que no dispongan de mucho tiempo o quieran conocer mejor Japón.

10 formas de adaptarse

✓ **Sea educado** con la gente y no les chille por muy enfadado que esté.

✓ **Salude al entrar** a los sitios con un *konichiwa* y dé las gracias diciendo *arigato gozaimas*.

✓ **Haga reverencias** tal y como hacen los mismos japoneses.

✓ **Sorba los fideos** ramen ruidosamente para no quemarse.

✓ **Entregue sus tarjetas** de visita con las dos manos y recíbalas de la misma forma.

✓ **No se ría o señale** a la gente por muy extravagantes que sean, para los japoneses lo primero es el respeto.

✓ **No se suene la nariz** en público, es de mala educación.

✓ **Descálcese** antes de pisar el tatami.

✓ **Beba** cerveza en una izakaya hasta que se le suban los colores.

✓ **No deje propina** en ningún lugar, no sabrán que hacer con ella.

10 compras imprescindibles

✓ Algún libro, objeto o muñeco relacionado con el *manga*.

✓ Un **kimono** hecho a medida con su respectivo *obi*.

✓ Un **cámara digital**, unos auriculares o algún *gadget* electrónico.

✓ Un **grabado** *ukiyo-e* con el monte Fuji de fondo.

✓ **Varitas de incienso** japonés de delicados aromas, presentadas en cuidadas cajitas.

✓ Una **katana** o espada samurái, aunque sin llevarla en el equipaje de mano.

✓ Una **botella de sake**, hay algunas que pueden incluso servir para decorar.

✓ Unos tejanos, falda, camiseta, vestido, disfraz o cualquier atuendo para su **perro**.

✓ Una *ningyo*, las bellas muñecas japonesas.

✓ Una **máscara** de noh, para sorprender a las amistades.

Los 5 mejores templos y santuarios de Japón

✓ **Santuario de It-sukushima**, en la isla de Miyajima, con su famoso *torii* rodeado de agua.

✓ **Santuario de Toshogu**, el lugar de descanso del primer shogun Tokugawa en Nikko.

✓ **Fushimi Inari Taisha**, sus túneles de *torii* se han convertido en un símbolo de Kioto.

✓ **Kinkaku-ji**, con su deslumbrante pabellón dorado.

✓ **Todai-ji**, el grandioso templo de Nara que esconde en su interior el Gran Buda.

▮ Los 5 mejores museos de Japón

✓ **Museo Edo-Tokyo,** un museo para descubrir el pasado de Tokio de manera amena.

✓ **Museo Nacional de Tokio,** el repositorio de algunas de las obras maestras del arte japonés de todos los tiempos.

✓ **Naoshima,** la isla-museo de arte contemporáneo por antonomasia. Nadie debe perderse el Museo de Arte Chichu.

✓ **Museo Nacional de Nara,** con una impresionante colección de arte budista.

✓ **Museo Memorial de la Paz de Hiroshima,** un museo imprescindible para entender la devastación que produjo la bomba atómica.

▮ 10 actividades diferentes para entender Japón

✓ **Asistir a un partido de béisbol,** para ver el entusiasmo de los japoneses.

✓ **Salir de fiesta** "a lo japonés", empezando en una *izakaya* y acabando en un karaoke.

✓ **Dormir en un ryokan,** los hoteles tradicionales de Japón, o si no se dispone del dinero, en un hotel cápsula.

✓ **Sentir la muerte** de cerca mientras se degusta un plato del venenoso fugu (pez globo).

✓ **Presenciar un combate de sumo** en el Kokugikan, y ver de cerca los mastodónticos luchadores.

✓ **Penetrar en el universo de los otaku** entrando a tomar algo en un Maid Cafe.

✓ **Ir de compras** junto a miles de japoneses en algún barrio de Tokio como Shibuya o Shinjuku.

✓ **Sumergirse en un onsen,** los baños termales que tanto adoran los japoneses.

✓ **Sentirse como en una lata de sardinas,** tomando el metro de Tokio en hora punta.

✓ **Acudir al mercado de pescado de Tsukiji,** para ver el lugar de donde sale todo el sushi de Tokio.

La región de **Kansai**

La región de Kansai, donde está asentada Kioto, es el corazón de Japón, el lugar donde la cultura y el arte japonés alcanzaron sus cotas más altas. Es por ello que el visitante debe intentar no centrarse solamente en Kioto y realizar alguna excursión que permita descubrir algo más de esta histórica región, que cuenta con lugares tan afamados como Nara, la antigua capital imperial donde se encuentra el mayor Buda de Japón; Himeji, sede del castillo japonés mejor preservado; Osaka, que rivaliza con Tokio en modernidad; o Koya-san, lugar de peregrinaje para los japoneses y sede de un cementerio que nadie debe perderse.

Kioto

La antigua capital imperial cuenta con suficientes atracciones para mantener al viajero más exigente entretenido durante días o semanas: barrios venerables de estrechas callejuelas jalonadas por *machiya* (casas tradicionales de Kioto), miles de templos budistas y santuarios sintoístas, algunos de los jardines más fascinantes de todo Japón… y todo ello rodeado por colinas arboladas y espacios verdes que permiten escapar fácilmente del tráfico rodado. Kioto representa mejor que ninguna otra ciudad el antiguo Japón, donde las casas de té, las geishas, los ryokan o las tradiciones ancestrales siguen conservando un lugar muy especial en la vida diaria de la ciudad.

Es imposible visitar cada uno de los casi 2.000 templos y santuarios con los que cuenta Kioto, por lo que hay que ser selectivo y saber escoger. La ciudad cuenta con varios barrios donde vale la pena perderse. Las dos zonas más agradables sin lugar a dudas –y que conviene recorrer a pie una y otra vez– son **Higashiyama** y **Arashiyama,** con antiguas callejuelas que parecen salidas de otro tiempo, gran parte de los mayores templos y santuarios de la ciudad y las verdes colinas que hacen sentir al visitante que se encuentra muy lejos de la ciudad. Para moverse, lo mejor es coger el autobús (es conveniente pedir un mapa de autobuses en la Oficina de Turismo) o el metro, aunque su cobertura es muy limitada.

▼ Templo de Tenjyuan.

Nijo Castle

Ninomaru Goten

NISHINOKYO

Nijo Sta.

Oshikoji-dori

Nijo Jin-ya

Oike-dori

Mus. Intern
del Manga

Kyoto Art
Nakagyo-ku
Ward Office

NTT Kyoto Telegraph
& Telephone Office

Ebi

Horino Memo.
Museo

Kara
Oike

Japa
Four

Sanjo-dori

NAKAGYO-KU

Rokkaku-dori

Takoyakushi-dori

Kyoto Art
Center

Hankyu-Omiya Sta.

Mibu Temple

Shijo-Omiya Sta.

Rokka
Templ

Nis
(Nishiki

Hankyu-
Karasuma Sta.

Shijo Sta.

MIBU

Takatsuji-dori

Matsubara-dori

Bukkoji-dori

Kodai Yuzen-en
and Gallery

Police
Station

Omiya-dori

Horikawa-dori

Gojo-dori

Kyoto
Research Park

**SHIMOGYO-
KU**

Costime
Museum

Gojo Sta.

Roku

Nishi-Honganji
Temple

Otani Hall

Hanayacho-dori
Central Wholesale
Market

Higashi-
Honganji
Temple

SUJAKU

Koshoji
Temple

Shichijo-dori

Ryukoku University

Police Station ★

Kyoto

UMEKOJI

Umekoji
Park

Umekoji Steam
Locomotive Museum

Kyoto Central
Post Office

Kyoto Prefectural
International Center

Kyoto T

KYOTO STA.

Hachijo-dori

KARAHASHI

Toji Temple

Kyoto Municipal Subway Karasuma Line

○ f.p.
🚃 Keifuku Arashiyama, JR Saga-Arashiyama

Tenryu-ji
🌐 www.tenryuji.com
🕐 8.30-17.30 h
💰 800 ¥ (templo y jardines)

Gio-ji
🕐 9-17 h
💰 300 ¥

Adashino Nenbutsu-ji
🕐 9-17 h
💰 500 ¥

Otagi Nenbutsu-ji
🕐 8-17 h
💰 300 ¥

▲ Bosque de bambú y colección de estatuas en el templo Otagi Nenbutsu-ji, en Arashiyama.

○ B4
✉ 400 Rinka-cho, Higashiyama-ku
🕐 9-16.30 h
🚃 Higashiyama
🚌 12, 100
💰 sala principal: gratis; jardines: 500 ¥

LO QUE HAY QUE VER EN KIOTO

▎ ARASHIYAMA ★★★

Este barrio de Kioto, situado en el extremo oeste de la ciudad es uno de los lugares más recomendables para pasear entre bosques y templos escondidos apenas visitados. El templo más importante de la zona es **Tenryu-ji,** que pertenece a la escuela Rinzai del Budismo Zen. El templo fue creado en 1339 en memoria del Emperador Go-Daigo y a todos los que murieron durante la guerra civil que llevó al poder a la familia Ashikaga. En la salida norte se encuentra el famoso **bosque de bambú de Arashiyama,** una de las imágenes más típicas de Kioto, y donde si se acude pronto por la mañana es una delicia pasear.

Gio-ji es otro de esos templos apenas visitados, pero que tiene un pequeño jardín de musgo que es un verdadero tesoro y donde con un poco de suerte se encontrará solo. Un poco más al norte, tras

pasar por la preciosa calle Saga-Torimoto, aparece el templo **Adashino Nenbutsu-ji,** que cuenta con un fotogénico bosque de bambú apenas visitado. Si se está cansado de templos y se desea ver algo diferente nadie debe perder la oportunidad de visitar el curioso templo Otagi Nenbutsu-ji. Cuenta con una impresionante colección de 1.200 estatuas de seguidores de Buda al aire libre, realizadas por escultores *amateur* con la ayuda de escultores profesionales.

▎ CHION-IN ★

Este templo es el principal de la secta budista Jodo. El templo lo construyó un monje llamado Genchi en 1234 en el lugar donde había enseñado y muerto su antiguo profesor. Unas interminables escalinatas atraviesan la **puerta San-mon,** la más grande de

Japón, y llevan a la explanada donde se encuentran los edificios principales. La sala principal tiene un magnífico altar de oro, y si en ese momento están los monjes orando es una delicia escuchar los cantos budistas.

Un poco más allá se encuentra la **campana** más grande de Japón, fundida en 1633 y que pesa 80 toneladas. Solo se toca el día de Año Nuevo, y para ello es necesaria la fuerza de 17 monjes.

▎ DAITOKU-JI ★★

Un grandioso complejo que engloba a 22 subtemplos que cuentan con algunos de los mejores jardines zen de Kioto, aunque solo unos pocos están abiertos al público. La estructura más llamativa es la **puerta de San-mon**. Aunque pasear por el complejo es gratis, cada subtemplo tiene su propia entrada. Si se ha de escoger uno de ellos, el más recomendable es **Daisen-in**. Otros dos especialmente recomendables

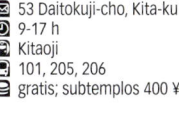

- 🕐 f.p.
- ✉ 53 Daitokuji-cho, Kita-ku
- 🕐 9-17 h
- 🚉 Kitaoji
- 🚌 101, 205, 206
- 💰 gratis; subtemplos 400 ¥

y menos visitados, por lo que se podrá saborear con más tranquilidad los paisajes, son **Koto-in** y **Zuiho-in**.

▲ Jardín zen y grupo de estatuas en Daitoku-ji.

▎ FUSHIMI INARI TAISHA ★★★

Este santuario es uno de los más famosos de Japón, y se encuentra justo frente a la estación de JR de Inari, por lo que no tiene pérdida. Aunque fue originalmente dedicado a los dioses de las cosechas de grano, con el tiempo las deidades aquí veneradas se convirtieron en protectoras de la prosperidad en los negocios. En la puerta principal, y esparcidos por todo el complejo, hay estatuas de zorros, considerados el mensajero de Inari el Dios de los Cereales, y la llave que llevan en la boca sirve para abrir el granero de arroz.

- 🕐 f.p.
- ✉ 68 Fukakusa, Yabunouchi-cho, Fushimi-ku
- 🕐 abierto del amanecer al anochecer
- 🚉 Inari en la JR Nara
- 💰 Gratis

▲ Túnel de *torii*, en el santuario de Fushimi Inari Taisha, una de las imágenes más fotografiadas de Japón.

El complejo es bastante grande y está esparcido por toda la colina, pero su mayor atracción son sus espectaculares túneles de *torii,* una de las imágenes más fotografiadas no solo de Kioto sino de todo Japón. Estos *torii* han sido donados por comerciantes y empresarios a lo largo de siglos de historia para asegurar la prosperidad de sus negocios (en la parte posterior de cada uno de ellos está inscrito el nombre del donante). Se emplean unas dos horas en realizar todo el recorrido por el complejo, pero se puede captar igualmente la belleza del conjunto recorriendo solo el primer tramo.

⏱ f.p.
✉ 2 Ginkakuji-cho
🕐 8.30-17 h
🚌 5, 17, 100
💴 500 ¥

| GINKAKU-JI ★★★

Este templo, también conocido como el Pabellón de Plata, es una de las visitas imprescindibles en Kioto. En 1482 el shogun Ashikaga Yoshimasa mandó construir aquí una villa de montaña que, a su muerte, fue convertida en el templo que hoy se puede contemplar. El jardín que lo rodea es una obra maestra en la que destaca el **Mar de Arena Plateada,** diseñado para reflejar la luz de la luna y proyectarla sobre el pabellón.

| GION (▶26) ★★★

Heian-Jingu
⏱ f.p.
✉ Nishitenno-cho, Okazaki, Sakyo-ku
🕐 jardín: 8.30-17.30 h
🚏 Higashiyama
🚌 5, 12, 100
💴 gratis; jardín: 600 ¥

| HEIAN-JINGU ★★

Este santuario es uno de los más bonitos de Kioto, especialmente si se tiene la suerte de ver alguna boda de estilo tradicional, que acostumbran a cele-

brarse los fines de semana. Heian-jingu fue construido en 1895 para conmemorar el 1.100 aniversario de la fundación de Kioto y sus edificios principales tratan de reproducir a pequeña escala el primer Palacio Imperial construido en el 794. El santuario también esconde varios jardines interconectados con gran cantidad de glicinias y cerezos. Los jardines fueron diseñados siguiendo el estilo chino que imperaba en el periodo Heian (794-1185).

▲ Templo de Ginkaku-ji y su jardín, obra de gran sensibilidad y maestría.

▍ HIGASHI HONGAN-JI Y NISHI HONGAN-JI ✱✱

Estos dos templos budistas pertenecientes a la escuela Jodo Shin se localizan muy cerca de la estación de Kioto, por lo que vale la pena acercarse. El más antiguo es Nishi Hongan-ji, que fue construido en 1591 y hoy es el templo principal de esta escuela budista. Lo más característico es su sala principal que acoge una estatua sentada de Shinran.

Higashi Hongan-ji fue fundado en 1602 por Tokugawa Ieyasu en contraposición a Nishi Hongan-ji, después de que él mismo propiciara la escisión de la escuela budista Jodo Shin por el gran poder que había acumulado. La **sala del Fundador** es una de las construcciones en madera más grandes del mundo, reconstruida en 1895. La otra gran atracción es la **sala Amida,** con una estatua del Buda Amida. En el pasillo que conecta ambas salas hay expuesta una cuerda de 69 m de largo y 375 kg de peso, hecha con el pelo donado por mujeres seguidoras de esta escuela.

🕓 C2
✉ Karasuma-dori-Shichijo-agaru, Shimogyo-ku
🕓 5.30-17.30 h
🚉 Kyoto Station
💲 Gratis

▼ Pabellón Dorado, templo
budista zen, llamado así
porque sus tres pisos
están recubiertos de
hojas de oro.

KINKAKU-JI (PABELLÓN DORADO) ***

Aunque el lugar sea conocido como el Pabellón Dorado o Kinkaku-ji, su nombre original es templo de Rokuon-ji. El pabellón fue construido en 1397 como una villa de retiro para Yoshimitsu, el tercer shogun Ashikaga. Después de su muerte, y siguiendo sus deseos, la villa fue convertida en un templo budista zen. Desgraciadamente la estructura original sucumbió en 1950 por culpa de un incendio, y lo que vemos hoy en día es una reconstrucción de 1955.

El pabellón tiene tres pisos recubiertos de hojas de oro y su reflejo en el estanque brillando bajo los rayos del sol es una escena inolvidable. Para apreciar mejor su belleza es recomendable ir a primera hora de la mañana para evitar coincidir con los miles de visitantes que acuden cada día.

KIYOMIZU-DERA **

Este templo fue creado en el 778 pero los edificios que se pueden ver hoy en día pertenecen en su mayoría al siglo XVII, cuando el tercer shogun Tokugawa los mandó reconstruir. La **sala principal** u *Hondo* está diseñada de una manera muy peculiar, con un gran porche levantado sobre pilones en la ladera de la montaña, y goza de maravillosas vistas del resto del complejo y de las colinas de Higashiyama. Bajo el porche se puede ver cómo decenas de personas se acercan a la **cascada Otowanotaki** para beber las aguas sagradas que se cree tienen propiedades terapéuticas. Si se quiere visitar Kiyomizu es recomendable hacerlo muy pronto por la mañana, puesto que después está demasiado masificado.

MERCADO DE NISHIKI ✱

Este animado mercado es el lugar ideal para ver toda la materia prima con la que se elaboran los deliciosos platos de la gastronomía japonesa. La variedad es francamente impresionante y posiblemente la mayoría de alimentos serán difíciles de reconocer, pero es un lugar divertido para pasar un buen rato sobre todo en un día lluvioso, dado que está cubierto.

B3
Nishiki-koji
9-17 h
Shijo

MIYAGAWACHO ✱✱

Este es uno de los cinco barrios de geishas que hay en Kioto y uno de los menos visitados a pesar de encontrarse a apenas 10 minutos andando hacia el sur de Gion. El centro neurálgico es la calle Miyakawa-cho Dori, y las calles perpendiculares que salen de esta encantadora callejuela jalonada por antiguas casas de té, casas de geishas y tiendas tradicionales.

La mejor hora para venir y tener la suerte de encontrarse con alguna geisha o *maiko* es entre las 17 y las 18 h. También es un placer dar un paseo por la noche, cuando los farolillos rojos iluminados le dan un encanto especial.

B3
Kiyomizu-Gojo o Gion Shijo

MUSEO INTERNACIONAL DEL MANGA ✱

Primer museo en Japón dedicado al manga. La colección que alberga se compone de revistas y libros japoneses desde el siglo XIX hasta la actualidad. 200.000 objetos relacionados con este género tan local y de fama internacional. El edificio en el que se encuentra ubicado el museo se construyó en 1929.

Museo Internacional del Manga
A2
Karasuma-Oike, Nakagyo-ku
075-254-7414.
http://www.kyotomm.jp
10.30-17.30 h
Karasuma-Oike.
900 ¥. Estudiantes de educación secundaria y superior: 400 ¥. Niños: 200 ¥

MUSEO NACIONAL DE KIOTO ✱✱

El museo fue fundado en 1895 y es uno de los mejores del país. Posee una vasta colección de obras de arte, objetos históricos y artesanía de la era premoderna de Japón, que permitirá profundizar algo más en la larga historia de Kioto. Además cuenta con exposiciones temporales que se celebran en un bello edificio del periodo Meiji.

C3
527 Chayamachi, Higashiyama-ku
541-1151
www.kyohaku.go.jp
Mar.-dom. 9.30-17 h
Keihan Shichijo
100, 206
700 ¥

NANZEN-JI ✱✱

Situado a los pies de las colinas de Higashiyama, este templo es uno de los más grandes y bonitos de Kioto, con gran cantidad de subtemplos que también merecen una visita. Nanzen-ji fue en sus orígenes una villa imperial, pero después de la muerte del emperador Kameyama en el 1291 se convirtió en un templo.

Nada más entrar aparece la grandiosa **puerta de San-mon,** con sus techos adornados con murales y vistas de todo el complejo desde el segundo piso.

f.p.
Nanzen-ji, Fukuchi-cho
8.40-17 h
Keage
5
Nanzen-in: 500 ¥

UN PASEO A PIE

Arashiyama

Distancia
4 km

Duración
4-5 horas con paradas

Punto de inicio
Templo de Tenryu-ji
Keifuku Arashiyama, JR
Saga-Arashiyama

Punto de llegada
Templo Otagi Nenbutsu-ji
64, 74

Comida
Arashiyama Yoshimura
Togetsu-kyo kita, frente al
puente
863-5700

▍Este paseo os llevará por las arboladas colinas de Arashiyama, pasando algunos extraños templos, calles atemporales y lugares apenas visitados en Kioto. Sin duda, muy recomendable.

Iniciad el recorrido visitando el **templo Tenryu-ji** a primera hora de la mañana, cuando se puede pasear tranquilamente por el jardín. Salid por la puerta norte.

▍Aquí está el encantador **Bosque de Bambú,** uno de los rincones más mágicos de Kioto. Si habéis venido pronto podréis disfrutar del paseo y hacer centenares de fotos mientras se camina hacia el oeste y después hacia el norte.

Una vez cruzadas las vías del tren, cada vez habrá menos turistas y se podrá callejear por una zona de Kioto que asemeja a un pueblecito, a años luz de los modernos edificios y el tráfico rodado del centro. Se sigue hacia el norte hasta llegar al **templo de Gio-ji.**

▍Una vez visitado el jardín de este pequeño e intimista templo se debe volver a la calle principal y proseguir en dirección norte, hasta llegar a la tranquila **calle Saga-Toriimoto** que parece salida de un grabado japonés. Vale la pena entrar en las pequeñas tiendas de artesanía o pararse a tomar un té.

Al final de la calle se levanta **Adashino Nenbutsu-ji,** un curioso templo donde hay centenares de estatuas en honor a las almas de los muertos que no pudieron ser enterrados.

▍Se continúa hacia el norte por el camino que se interna en las colinas hasta llegar a un cruce donde se levanta un gran *torii* y se gira a la derecha.

El camino llega hasta donde aparece la carretera y el **templo de Otagi Nenbutsu-ji,** que merece la pena ver pues es algo completamente diferente.

▍Coged alguno de los autobuses que paran frente al templo y bajad en la puerta de Tenryu-ji para volver hacia el centro o dirigirse hacia el puente principal de Arashiyama para comer algo después.

Los subtemplos no son muy visitados pero no por ello dejan de ser interesantes, puesto que permiten apreciar la belleza de sus jardines en soledad, una cosa rara en Kioto. **Nanzen-in** está al final de un camino que pasa bajo el acueducto y tiene un atractivo jardín situado alrededor de un estanque. **Tenju-an** está junto a la puerta de San-mon y cuenta con uno de los jardines más bonitos de Nanzen-ji. Finalmente, **Konchi-in** está siguiendo una callejuela a la izquierda de la entrada de Nanzen-ji. Además de un jardín incluye bellos edificios, algunos de los cuales están decorados con pinturas en los paneles.

NIJO-JO (CASTILLO DE NIJO) ★★★

El castillo de Nijo es otro de los monumentos declarado Patrimonio de la Humanidad por la Unesco. Fue construido en 1603 como residencia oficial de los shogun Tokugawa en Kioto, aunque dado que residían en Edo fue muy poco utilizado. Después de cruzar el foso que rodea al castillo y la gran puerta de entrada, lo primero que se encuentra el visitante es el **palacio Ninomaru,** dividido en cinco edificios interconectados en los que hay 33 habitaciones. Todo el palacio está ricamente decorado, desde el tallado en madera hasta las mismas pinturas, declaradas tesoro nacional y sustituidas por fieles reproducciones de las originales para preservarlas.

Resulta muy ingenioso el sistema de alarma llamado el "Suelo de los Ruiseñores": diseñado para delatar mediante leves chirridos las pisadas de los intrusos que intentaran atentar contra la vida del shogun. El palacio está rodeado por el agradable **jardín Ninomaru,** que se puede contemplar desde el mismo palacio. Saliendo del jardín se llega al foso interior, rodeado por unas poderosas murallas construidas con grandes piedras, que dan acceso al **palacio Honmaru.** Su figura más emblemática era una torre de cinco pisos de altura que fue destruida por un rayo en 1750. La estructura actual data de 1847 y está rodeada también por un jardín.

NINNA-JI ★★

Otro de los templos declarados Patrimonio de la Humanidad por la Unesco y que puede complementarse con una visita a Ryoan-ji y el Pabellón Dorado. Aunque fue fundado en el siglo IX, los edificios que han llegado hasta nuestros días pertenecen al periodo Edo. La parte más interesante del templo es el **Goten,** la antigua residencia del abad, que cuenta con un precioso jardín. Uno de los encantos de Ninna-ji es que no es tan visitado como los templos vecinos.

- A1
- 541 Nijojo-cho, Nijo-dori-Horikawa
- 8.45-17 h; excepto mar. de dic., ene., jul. y ago.
- Nijojo-mae
- 9, 50, 101
- 1.300 ¥ (palacio y recinto)

▼ Detalle de Nijo-jo (foto superior) y estatua de Kongoke Bosatsu, en el templo de Ninna-ji.

- f.p.
- 33 Ouchi Omuro, Ukyo-ku
- 9-17 h
- Omuru Ninnaji
- 59
- 800 ¥

· · · · · · · · ·
🕐 f.p.
✉ Kyoto goen, Kamigyo-ku
🕐 abr.-agos. de 9-17 h,
sept. y marz. de 9-16.30 h
y de oct. a feb. de 9-16 h.
Cerrado los lunes
🚇 Imadegawa
🚌 101
💰 Gratis

· · · · · · · · ·
🕐 B3
🚇 Hankyu Kawaramachi
🚌 17, 205

· · · · · · · · ·
🕐 f.p.
✉ 13 Goryonoshita-cho,
Ryoan-ji, Ukyo-ku
🕐 8-17 h
🚌 59
💰 500 ¥

▼ Pontocho.

❚ PALACIO IMPERIAL DE KIOTO　　　　✱

El Palacio Imperial de Kioto fue el alojamiento durante más de un milenio de la familia imperial de Japón. El actual palacio fue reconstruido en 1855 tras un incendio y consta de varias estructuras que reflejan varios estilos arquitectónicos. Es especialmente espectacular el Shisinden o la **Sala para las Ceremonias de Estado,** que era utilizada en eventos importantes como la ceremonia de coronación. Los emperadores Taisho y Showa fueron coronados aquí.

Aunque hasta hace unos años se tenía que reservar ahora se puede entrar libremente. En el gran parque donde se asienta el palacio también se encuentra el palacio Sento, que aún lo utiliza hoy en día la familia imperial en sus visitas pero que en este caso sí requiere reserva. En todo caso el Palacio Imperial es más interesante.

❚ PONTOCHO　　　　✱✱

La última calle antes de llegar al río Kamo es posiblemente la más famosa de todo Kioto: Pontocho. Esta estrecha callejuela empedrada ha sido durante los últimos siglos uno de los principales centros de entretenimiento de la ciudad, con una gran variedad de restaurantes, bares y casas de té. Pasear al anochecer, cuando las linternas rojas que cuelgan de las casas se iluminan y esperar el paso de una geisha es una de las experiencias que nadie debe perderse en Kioto.

Al principio de la calle está el **teatro Pontocho Kaburenjo,** donde las geishas vienen celebrando desde 1870 el Festival Kamogawa Odori, una oportunidad única de verlas actuar.

❚ RYOAN-JI　　　　✱✱

El templo de Ryoan-ji, construido en el siglo xv, pertenece a la escuela de budismo Rinzai y su atracción principal es el **jardín de rocas** de estilo zen.

Este jardín fue diseñado en la época en que se construyó el templo y es de una fascinante simpleza; mide 25 m de largo y 10 m de ancho, con solo 15 rocas y grava cuidadosamente rastrillada. Uno de los juegos que se pueden hacer mientras se admira el jardín es tratar de contar las 15 rocas desde un mismo lugar; se dice que es imposible. Es una lástima que la gran afluencia de visitantes reste encanto a este maravilloso jardín, por lo que conviene venir a primera hora de la mañana para sentarse a contemplarlo rodeado del más absoluto silencio.

UN PASEO A PIE

El sur de Higashiyama

Distancia
3 km

Duración
3-4 horas con paradas

Punto de inicio
Chion-in
🚌 100

Punto de llegada
Kiyomizu-dera
🚌 100, 206

Comida
Kyogaki
✉ Yasaka-dori
☎ 531-6600

Este trayecto es uno de los mejores que se pueden realizar en Kioto y llevará a descubrir algunas de las zonas mas emblemáticas de la vieja capital imperial.

Desde la **puerta de Chion-in** (▶72) se debe tomar la calle hacia la izquierda que lleva en apenas 20 m al **parque Maruyama.**

Atravesad el parque, pasando junto a su estanque, y seguid recto teniendo siempre las colinas a su izquierda. Esta calle normalmente es muy animada y las callejuelas traseras son especialmente encantadoras.

A mano izquierda verá unas escaleras que llevan al **templo Kodai-ji** y una gran estatua de Kannon enclavada en la montaña.

Al final de la calle girad a la izquierda y después a la derecha para entrar en una de las calles más encantadoras de Kioto: **Ninen-zaka**.

Seguid recto, y subid las escaleras para continuar por Sannen-zaka, otra callejuela que parece sacada de otro tiempo con gran cantidad de antiguas *machiya,* casas tradicionales de Kioto.

Al final de la calle subid las escaleras que desembocan en la turística **Kiyomizu-michi,** llena de tiendas de *souvenirs* y puestos de comida.

La calle cuesta arriba hasta llegar al **templo Kiyomizu-dera** (▶76), enclavado en las verdes colinas de Kioto.

▲ Shoren-in, un lugar de quietud y silencio.

○ D3
✉ Chayamachi, Higashiyama-ku
○ Mar.-nov.: 8-17 h; dic.-feb.: 9-16 h
🚉 Keihan Shichijo
🚌 100, 206
💰 Entrada: 600 ¥

○ A4
✉ 69-1 Awataguchi Sanjobocho, Higashiyama-ku
○ 9-17 h
🚉 Higashiyama
🚌 5, 100
💰 500 ¥

Junto al jardín se halla también el **Tsukubai,** un histórico recipiente de piedra con forma de moneda antigua que lleva inscrito: "Solo aprendo para ser feliz", un concepto importante dentro de la filosofía Zen.

▍SANJUSANGEN-DO ★★

El templo fue fundado en 1164, y reconstruido de nuevo en 1266 después de que un incendio lo destruyera. La sala principal está construida en madera y tiene 100 m de largo, que sirven para acoger el fabuloso tesoro que da fama el templo: 1.001 estatuas de madera de la diosa budista Kannon.

La visión de las 500 estatuas a cada lado y una estatua principal en el centro es simplemente espectacular.

▍SHOREN-IN ★★

Un templo poco visitado pero que posee un encanto difícil de igualar es Shoren-in.

Shoren-in fue construido en el siglo XII y desde entonces ha estado relacionado con la familia imperial japonesa como se puede comprobar por el símbolo del crisantemo que preside la puerta.

La mejor manera de disfrutar este templo es sentarse en el suelo de tatami de la **sala Kachoden** y contemplar el jardín en silencio.

▮ TERAMACHI Y SHINKYOGOKU ✳

Estas calles peatonales y cubiertas son un paraíso para los consumidores, con decenas de tiendas de ropa, *souvenirs,* cosmética, restaurantes y todo cuanto se pueda imaginar. Aunque el aspecto moderno de los edificios pueda hacer pensar que son un producto de los últimos años de desarrollo de Kioto, su historia se remonta más de un milenio atrás, cuando Teramachi era llamada *kyogoku,* que significa "afueras de la capital". Teramachi adoptó el nombre actual en el siglo XVI, cuando muchos templos se trasladaron aquí y fue batizada como la "ciudad de los templos".

Con el paso de los años, Teramachi se convirtió en un importante núcleo comercial de la ciudad. Por su lado, Shinkyogoku se abrió en los primeros años del periodo Meiji, constituyendo junto a Teramachi el nuevo centro de Kioto.

⏱ B3
🚉 Kyoto-Shiyakusho-mae, Hankyu Kawaramachi

▮ TETSUGAKU-NO-MICHI (CAMINO DE LA FILOSOFÍA) ✳

Este sendero de poético nombre es un agradable paseo junto a un canal bajo la sombra de decenas de cerezos, que constituyen uno de los mejores lugares para presenciar el *hanami* (florecimiento de los cerezos) en primavera. Sus 1,8 km conectan Ginkaku-ji con el templo Eikan-do, y a lo largo del sendero se pueden encontrar pequeños restaurantes y tiendas de artesanos locales. El templo más recomendable en el camino es **Honen-in.**

⏱ f.p.
🚉 Sakyo-ku
🚌 5, 17

▼ A la sombra de los cerezos, el mejor momento para pasear por el Camino de la Filosofía es la primavera.

LO QUE HAY QUE VER EN LOS ALREDEDORES DE KIOTO

CASTILLO DE HIMEJI (▶27) ★★★

KOYA-SAN (▶31) ★★★

NARA (▶28) ★★★

OSAKA ★★★

La tercera ciudad de Japón es una de las visitas ineludibles que se debe realizar desde Kioto. Aunque Osaka carezca del rico patrimonio en forma de templos y santuarios que posee la antigua capital imperial, tiene un encanto especial y es la ciudad más moderna de Japón después de Tokio. Un buen

▼ Osaka, la ciudad más moderna de Japón después de Tokio.

• • • • • • • • •
- ✉ 40 km al sur de Kioto
- 🚉 Estaciones de JR Shin-Osaka, Osaka y Tenno-ji.
- 🚌 Muchas conexiones desde Kioto.

Castillo de Osaka
- ✉ 1-1 Osaja-jo, Chuo-ku
- 🕐 9-17 h
- 🚉 Morinomiya
- 💴 600 ¥

Dotombori
- 🚉 Namba

lugar por el que empezar es el **castillo de Osaka**, construido en 1583 por Hideyoshi Toyotomi como centro de poder del país. Gran parte quedó destruido en los bombardeos de la Segunda Guerra Mundial, y aunque la estructura que se levanta hoy en día sea una reconstrucción, gran parte de las murallas son originales. Aunque no se quiera entrar a la torre principal, es agradable dar un paseo por el parque circundante.

La bahía de Osaka es otro de los barrios a visitar muy interesantes y con una gran variedad de lugares de entretenimiento, como el **Universal Studios Japan** o el **Acuario de Osaka** (▶127), pero sobre todo la gigantesca noria desde que la que se optienen las mejores vistas de la ciudad. Es recomendable subir al anochecer.

El rascacielos más alto de Japón, y nuevo símbolo de la ciudad desde su inauguración en 2014, es el **Abeno Harukas**. Este impresionante edificio hace la función de mirador desde donde poder divisar una panorámica de la ciudad, además de espacio multidisciplinar, con centros culturales, galerías de arte, centros comerciales, hoteles y restaurantes.

Shinsekai es uno de los barrios mas curiosos de Osaka, un lugar que fue el paradigma de la modernidad a principios del siglo xx, pero que tras la guerra quedó congelado en el tiempo. Vale la pena dar un paseo por el barrio para ver su mezcla de colorido y decadencia: antiguos teatros, restaurantes de estilo *kitsch,* la torre Tsutenkaku, construida como imitación de la Torre Eiffel en 1912, etc… Vale la pena venir aquí a comer o a cenar (por la noche, ver el barrio iluminado es espectacular) y probar el *kushikatsu,* una especialidad de Osaka, que consiste en pinchos de carne, pescado o verduras, rebozados.

Conviene dejar para después de haber anochecido la visita al centro de Osaka. Por mucho tiempo que se haya pasado en Shinjuku o Shibuya, la primera visión del barrio de **Dotombori,** con su concentración de gente, luces de neón y grandes pantallas de televisión deja al visitante sin aliento. Es especialmente entretenido pararse durante un buen rato en el **puente de Ebisu-bashi,** y disfrutar del espectáculo que se despliega alrededor.

UJI ✱

Este pequeño pueblo al sur de Kioto es famoso por el cultivo del té. La zona más agradable de Uji se halla junto al río, un lugar ideal para pasear y disfrutar de la naturaleza circundante. Las noches entre los meses de junio y agosto se puede asistir a la pesca con cormorán, una antigua técnica también popular en otros países asiáticos.

Pero la principal atracción del pueblo es el **templo de Byodo-in** y su espléndida **sala del Fénix**. Construida en el 1053, la sala es el único edificio original de todos los que constituyen el templo y uno de los pocos ejemplos que ha llegado hasta nuestros días del lejano periodo Heian.

La estilizada figura del pabellón, que intenta imitar un fénix con las alas abiertas, reflejándose en el agua que la rodea, es una visión inolvidable. Es muy recomendable llegar a la hora de apertura para poder disfrutarlo a solas durante unos minutos.

Para llegar se debe tomar la calle que sale frente a la estación de JR; hay indicaciones y un mapa frente a la estación que permitirán encontrarlo.

Abeno Harukas
- 1-1-43 Abenosuji, Abeno-ku
- www.abenoharukas-300.jp/en/
- 9-22 h
- 1.500 ¥

Shinsekai
- Shin-Imamiya, Ebisucho, o Dobutsuen-mae

- 15 km al sur de Kioto
- Uji con JR Nara

Byodo-in
- 8.30-17.30 h
- 600 ¥

El **sur** de **Japón**

Los que dispongan de unos días para internarse más al sur desde Kioto, no deben desaprovechar la oportunidad de explorar alguna de las plácidas islas y pueblos de pescadores que hay en el Mar Interior o la montañosa Shikoku, una de las islas menos visitadas. Pero si se dispone de más tiempo, vale la pena llegar hasta Kyushu, la última gran isla de Japón, que esconde un paisaje marcado por los volcanes y los onsen. Más allá aparecen las islas tropicales del sur, cuya isla más conocida es Okinawa, donde las camisas floreadas y las playas de arena blanca evocan a un Japón desconocido para la mayoría de visitantes.

I Sur de Honshu y Shikoku

El sur de Honshu, la isla principal, cuenta con lugares importantes tanto en la historia antigua de Japón, como de la más moderna, como Hiroshima, por los trágicos sucesos, o Naoshima que ha pasado de ser una isla olvidada del Mar Interior a convertirse en sede de algunos de los mejores museos de arte contemporáneo. Shikoku, la cuarta isla más grande de Japón, es montañosa y poco poblada, excepto por su costa norte, lo que permite fácilmente reencontrarse con la naturaleza. Pero sin duda la gran atracción en esta zona de Japón es el plácido Mar Interior, que permite explorar sus tranquilas islas donde el tiempo parece haberse detenido.

Debido a su cercanía a Kioto, el sur de Honshu, es una de las zonas más fáciles de visitar para los que dispongan del JR Pass, puesto que con el *shinkansen* el tiempo se emplea es corto y permite hacer visitas muy interesantes. Además, dado que se ubica en la línea principal de *shinkansen* las frecuencias son continuas y no se debe esperar mucho para coger un tren al destino deseado. Por su lado, Shikoku requiere un poco más de tiempo y planificación, puesto que no está tan desarrollada, el tren no llega a los lugares más remotos y no dispone de líneas de alta velocidad por lo que los viajes son más largos. Aunque resulta más lento, viajar por el Mar Interior es una delicia, puesto que permite, a bordo de pequeños barcos, disfrutar del paisaje mientras se va de isla en isla.

¿Sabías que...?

Japón es el país con más máquinas expendedoras per cápita, se calcula que hay un máquina por cada 23 personas. En estas máquinas se puede encontrar de todo, desde bebidas o tabaco, a cosas más variadas como paraguas, helados, huevos, papel de baño, flores, o incluso escarabajos rinoceronte, una de las mascotas más de moda entre los niños.

◀ Puente de Kazura, en la isla de Shikoku.

LO QUE HAY QUE VER EN EL SUR DE HONSHU Y SHIKOKU

▮ HIROSHIMA ★★★

Aunque Hiroshima ha sido una ciudad importante durante varios siglos, pasó a la historia el 6 de agosto de 1945; ese día el ejército de Estados Unidos lanzó la primera bomba atómica que acabó con gran parte de la ciudad y mató inmediatamente alrededor de 70.000 personas, el 30 por ciento de la población, y se calcula que otras 40.000 murieron en los meses posteriores por las quemaduras o al haber estado expuestas a la radiación. Hiroshima fue reconstruida y hoy en día es uno de los principales núcleos del sur de Japón.

Los lugares a visitar se concentran en el **Parque Memorial de la Paz**, que ocupa lo que era antiguamente el centro de la ciudad. El edificio más espectacular es la **Cúpula de la Bomba Atómica**, las ruinas de la antigua sala de Promoción Industrial de Hiroshima, que hoy constituyen un doloroso recuerdo del bombardeo. La construcción principal es el **Museo Memorial de la Paz,** diseñado por el prestigioso arquitecto Tange Kenzo, que explica de manera muy interesante todo lo referente al bombardeo y los efectos sobre la población, sin caer en el sensacionalismo o señalar a los culpables. Aunque puede resultar duro, permite entender el dolor causado por la guerra y la destrucción traída por la bomba atómica. El museo es visitado frecuentemente por grandes grupos escolares, por lo que es mejor ir a primera hora de la mañana.

En el parque hay otros memoriales a los que murieron en el bombardeo. Es especialmente importante el **monumento a la Paz de los Niños,** que conmemora a la niña Sadako, que murió por leucemia debido a las radiaciones a las que estuvo expuesta. Hiroshima es una buena base desde la que realizar visitas en esta zona del sur de Japón, como Miyajima o el Mar Interior.

▮ MATSUYAMA ★

Matsuyama es la ciudad más grande de Shikoku y cuenta con uno de los pocos castillos que se ha conservado en su forma original. Situado sobre una colina, ofrece vistas panorámicas de la ciudad y el Mar Interior. Durante la época de florecimiento del cerezo, el parque circundante se tiñe de color rosa.

La otra gran atracción es el venerable **Dogo Onsen,** uno de los baños termales más famosos de todo Japón, construido en 1894, y que consta

· · · · · · · ·
- ✉ 350 km de Kioto
- 🚆 2 horas y 15 minutos en shinkansen
- ℹ️ Estación de tren; parque Memorial de la Paz

Museo Memorial de la Paz
- 🚌 2 o 6 desde la estación; billete: 220 ¥
- 🕐 8.30-18 h
- 💰 200 ¥

▼ Monumento a la Paz de los Niños, recuerdo de la niña Sadako, víctima de la bomba.

· · · · · · · ·
- ✉ 180 km desde Hiroshima en bus, 160 km desde Takamatsu
- 🚆 2 horas y 30 minutos desde Takamatsu

Dogo Onsen
- 🕐 6-22 h
- 💰 entre 410 y 1.550 ¥, dependiendo del baño

Castillo
- 🕐 9-17 h
- 💰 510 ¥

incluso de una parte que fue construida para las visitas de la familia imperial. Si se puede vale la pena venir aquí en coche de alquiler desde Hiroshima, atravesando el puente Shimanami Kaido.

I MIYAJIMA (▶29) ***

I NAOSHIMA **

Naoshima es una de las islas más interesantes para visitar en el Mar Interior. Unos años atrás, era una isla más en el Mar Interior con una población decreciente, pero la apuesta de la Corporación Benesse por revitalizar esta zona de Japón, la convirtió en el centro de un proyecto cultural sumamente interesante que ha apostado por esta y otras islas. Naoshima ha pasado de ser un remanso de paz a ser sede de varios museos de arte contemporáneo de nivel mundial diseñados por uno de los mejores arquitectos japoneses: Ando Tadao. El primero en ser construido fue el **Museo Benesse,** que alberga varias obras de importantes artistas internacionales, además de un hotel que es una obra de arte frente al mar. La habitación más barata vale alrededor de 200 €, pero si se dispone del dinero es una oportunidad única.

El museo más impresionante, sin duda, es el **Chichu,** que expone pocas obras, pero que constituye una experiencia única, desde la sala de los Monet, hasta los juegos con la luz de las obras de Turrell, y que gustará incluso a los que no están interesados en el arte contemporáneo. El más pequeño **Museo Lee Ufan** merece la pena por el edificio diseñado por Ando Tadao. Hay más obras por toda la isla, como *Las calabazas* de la artista Yayoi Kusama, o el *Art House Project,* donde varias casas antiguas de Honmura se han restaurado y se utilizan para albergar en cada una una obra de arte realizada por un artista diferente, una manera ideal de recorrer el pueblo. Hay otras islas, como **Inujima** o **Teshima,** con museos que también vale la pena visitar y con conexiones de ferry con Naoshima.

I SHIMANAMI KAIDO **

Este espectacular sistema de puentes, que atraviesan seis islas, es una obra de arte de la ingeniería moderna, pero también una buena forma de cruzar de Honshu a Shikoku, recorriendo el Mar Interior y visitando alguna de sus islas. Las vistas desde la carretera son simplemente maravillosas y la mejor manera de recorrer los 60 km que separan ambas islas es en bicicleta. Aunque pueda sonar raro o

· · · · · · · ·

⊠ 15 km de Takamatsu
⛴ Ferrys desde el puerto de Miyanoura a Takamatsu, Uno y otras islas de la zona
🛈 Puerto

Museo Benesse
🖥 www.benesse-artsite.jp
🕐 8-21 h
💰 1.300 ¥

Museo Chichu
🕐 10-18 h (Es necesario reservar online con antelación (www.e-tix.jp/chichu/en/)
💰 2.100 ¥

▲ Detalle de Dogo Onsen, uno de los baños termales más famosos de Japón.

· · · · · · · ·

⊠ 84 km al este de Hiroshima
🚆 A Onomichi 1 hora y 20 min
🌐 https://shimanami-cycle. or.jp/go-shimanami/

complicado, hay una vía especialmente dedicada para ello y hay establecimientos de alquiler de bicicletas en varios puntos a lo largo del recorrido, por lo que se puede coger la bici en un extremo y dejarla a mitad de camino y coger un bus si se está cansado, o llegar hasta el final. El inicio del recorrido es en la ciudad de Onomichi, en Honshu, y el final en Imabari, en Shikoku. Para tener más información se puede consultar su página web.

▌ TAKAMATSU ✱✱

Takamatsu es una buena base para explorar la isla de Shikoku y el Mar Interior, puesto que desde su puerto parten gran cantidad de ferrys a las islas cercanas, como **Naoshima**. La principal atracción de la ciudad es el fabuloso **jardín Ritsurin-koen,** uno de los más bonitos de todo Japón, que fue construido en el periodo Edo para el disfrute del señor feudal; solo por su visita vale la pena acudir a Takamatsu.

Una de las islas cercanas más recomendable es **Ogijima,** donde apenas viven 200 personas y se puede recorrer fácilmente a pie. La isla cuenta solo con un pintoresco pueblo y un faro al que se accede a través de un agradable camino que atraviesa la isla en 30 minutos. Hay varios ferrys al día que emplean solo 40 minutos en llegar.

● ● ● ● ● ● ● ●

✉ 300 km desde Kioto, 230 km desde Hiroshima
🚆 2 horas y 30 min con cambio en Okayama, tanto desde Kioto como Hiroshima
🚉 Estación de tren

Ritsurin-koen
🚆 Cercanías JR Ritsurinkoen-kitaguchi
🕐 6-18 h (aproximado, cambia cada mes)
🎫 410 ¥

▼ Jardín Zen Ritsurin-koen, uno de los más bonitos del país, en Takamatsu.

▮ Kyushu y las islas del sur

Kyushu, la tercera isla más grande de Japón, ha sido históricamente la puerta de entrada a Japón de las influencias extranjeras. En los primeros siglos de nuestra era, los intercambios se produjeron principalmente con China y Corea, y fue precisamente a través de Kyushu por donde penetraron budismo y gran parte del arte y la cultura china. En el siglo XVI llegaron los primeros europeos, los portugueses, que vinieron con misioneros católicos y comerciantes e introdujeron avances como las armas de fuego. Incluso en el periodo Edo, cuando el país estaba cerrado, se permitió que existiera junto a Nagasaki, una pequeña colonia holandesa de comerciantes.

Las principales atracciones de Kyushu están relacionadas con la naturaleza, siendo uno de los lugares más fáciles para acceder a paisajes volcánicos o bañarse en todo tipo de *onsen.* Moverse por Kyushu es fácil gracias a sus buenas conexiones ferroviarias que permiten llegar a la mayoría

▼ Garganta de Takachiho, en la prefectura de Miyazaki, Kyushu.

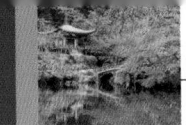

de sitios rápidamente. Por su lado, las islas del sur o islas Ryukyu desarrollaron su propia cultura y su propio idioma, y aunque durante el siglo xx se vieron muy influenciadas por la cultura japonesa de las islas principales siguen teniendo un aire diferente. La isla principal es Okinawa, pero hay decenas más pequeñas y menos visitadas, con playas de arena blanca, oportunidades de buceo y paisajes verdes en el interior. Para moverse se requiere una buena planificación, dado que son necesarios ferrys o vuelos para llegar a los diferentes puntos.

LO QUE HAY QUE VER EN KYUSHU Y LAS ISLAS DEL SUR

❙ KAGOSHIMA ✱

La última gran ciudad de Japón, antes de las islas del sur, vive a la sombra del gran volcán Sakurajima. Este volcán se encuentra frente a la ciudad y registra centenares de pequeñas erupciones cada año, por lo que los habitantes están acostumbrados a convivir con las nubes de ceniza que caen sobre la urbe periódicamente. Aunque está prohibido subir al volcán por su peligrosidad, se puede coger un ferry para ir a los pies y dar un agradable paseo mientras se contempla su amenazadora figura o coger un autobús que sube a un mirador a media altura.

Más allá del volcán, Kagoshima es una ciudad agradable y desenfadada, que bien merece un paseo. De interés son sus *onsen*, el **jardín Senganen** que data del periodo Edo y utiliza la figura del volcán como "paisaje robado", y el **Yataimura,** un pequeño barrio de diminutos restaurantes al viejo estilo japonés junto a la estación Kagoshima-Chuo, que es ideal para degustar la gastronomía del lugar y conocer simpáticos locales.

❙ KUMAMOTO ✱

Esta agradable ciudad de provincias es una base perfecta para visitar el monte Aso y además cuenta con algunas atracciones que permiten pasar un día sin aburrirse. El **castillo de Kumamoto** es uno de los más grandes del país y, aunque gran parte de la estructura que se puede ver hoy en día sea una reconstrucción, continúa siendo interesante, tanto por la semejanza con el original, como por la serie de murallas y fosos que permiten ver cuán inexpugnable fue. El **jardín de Suizen-ji** data del siglo xvii y reproduce de manera simbólica las 53 estaciones de la Tokaido, la carretera principal que unía Edo y Kioto durante el periodo Edo.

***

✉ 550 km al sur de Hiroshima
🚄 3 horas desde Hiroshima
ℹ En la estación Kagoshima-Chuo, en el puerto de ferrys a Sakura-jima

Senganen
🕐 8.30-17.30 h
💴 1.000 ¥

Yataimura
✉ 6-4 Chuo-cho

***

✉ 350 km de Hiroshima
🚄 1 hora y 45 min desde Hiroshima

Castillo de Kumamoto
🕐 9-17 h
💴 800 ¥
🚋 Tranvía hasta Kumamotojo-mae

Suizen-ji
🕐 8.30-17 h
💴 400 ¥
🚋 Tranvía hasta Suizenji koen

I MONTE ASO ★★★

El Monte Aso, en pleno centro de la isla de Kyushu, es una de las calderas más grandes del mundo con 25 km de diámetro y en su interior hay pueblos, vías de tren y carreteras. En el centro de la caldera se alzan una serie de volcanes, entre los que se cuenta el **Naka-dake,** el principal volcán en activo. Aso es sin duda una de las mejores excursiones que se pueden realizar en el sur de Japón, tanto para los que quieran andar, como para los que simplemente quieran disfrutar de la naturaleza con toda comodidad.

Desde la estación de tren se debe coger un bus hasta la última parada que lleva al funicular que sube hasta el cráter, donde hay unas vistas impresionantes. Debido a que el volcán emite gases tóxicos y hay riesgo de erupción, en ocasiones y sin previo aviso se prohíbe subir hasta el cráter. Si el cráter se encuentra cerrado se puede subir a **Kishima-dake**, el pico que hay tras el museo, o al **Eboshi-dake.** Una vez arriba, si el día está despejado, se contemplan unas vistas que compensan el esfuerzo realizado. En la zona del museo hay restaurantes, tiendas y cafeterías para reponer fuerzas.

I NAGASAKI ★★

Nagasaki siempre fue una de las ciudades más importantes en las relaciones comerciales internacionales. Incluso en el periodo Edo, cuando Japón quedó aislada, era uno de los pocos lugares donde

- 55 km al este de Kumamoto
- Desde Kumamoto a Aso 1 hora y 15 min, autobús desde Aso al volcán 40 min. 730 ¥
- Estación de tren de Aso

▼ Monte Aso, una de las calderas más grandes del mundo con volcanes en activo.

se permitía la presencia de comerciantes extranjeros. Pero Nagasaki pasó a la historia por haber sido destruida por la bomba atómica tres días después de Hiroshima. A pesar de este pasado tumultuoso Nagasaki es una ciudad muy agradable que ha conservado en algunos barrios parte de su arquitectura de antaño. El lugar donde explotó la bomba atómica es hoy el **parque de la Paz** de Nagasaki, donde hay varios memoriales y el interesante **Museo de la Bomba Atómica** de Nagasaki.

Para conocer más sobre el pasado comercial de la ciudad, vale la pena darse un paseo por **Deshima,** la pequeña isla donde vivían los holandeses durante el periodo Edo. Sobre una colina con unas vistas magníficas, los **jardines Clover** permiten explorar las antiguas mansiones que los europeos construyeron después de la apertura de Japón. Pero sin duda las mejores panorámicas se optienen desde el **monte Inasa,** al que se puede acceder en bus o teleférico, y que permiten contemplar toda la bahía; son especialmente recomendables por la noche.

Los que quieran visitar uno de los lugares más raros de Japón no deben perderse **Gunkajima,** una isla a 20 km de Nagasaki donde la población vivía de las minas hasta su cierre en 1974; la isla quedó abandonada y hoy en día es una inquietante ciudad fantasma.

El trayecto en barco es interesante pues permite tener buenas vistas de Nagasaki y dar un pequeño paseo, aunque las autoridades no permiten acercarse mucho a los edificios por el peligro de derrumbe.

OKINAWA Y LAS ISLAS RYUKYU ★★★

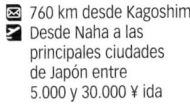
Okinawa es la principal de las llamadas islas Ryukyu, que hasta el siglo XVIII fueron independientes del resto de Japón y desarrollaron su propia cultura, gastronomía y lengua. Okinawa es también la isla más desarrollada y, excepto en su parte sur, tiene una alta densidad de población. Conserva vestigios del antiguo reino Ryukyu, en forma de jardines, palacios, castillos y mausoleos, pero también paisajes costeros de gran belleza y por supuesto playas de arenas blancas (aunque las hay mejores en otras islas). La mejor manera de moverse es alquilando un coche, pues permite llegar a lugares a los que difícilmente se llega en transporte público.

Naha, la capital de Okinawa, es el principal centro de transportes del archipiélago y el lugar desde donde emprender el viaje a otras islas. Especialmente recomendables son las remotas **Yaeyama,** el territorio más al sur de Japón: su ambiente relajado,

◀ Puesta de sol sobre el acantilado Manzamo, Okinawa.

sus paisajes vírgenes, y las aguas cristalinas ideales para bucear entre corales hacen de ellas un paraíso terrenal. Aunque Ishigaki sea la isla principal, una vez visitada es muy recomendable dirigirse hacia **Iriomote** y **Taketomi**, las dos más interesantes.

A medio camino entre las islas Yaeyama y Okinawa está **Miyakojima**, que cuenta posiblemente con las mejores playas de todo Japón; para los que les guste el buceo o simplemente quieran hacer *snorkeling* hay corales llenos de vida en playas como Yoshino. Moverse por las islas Ryukyu es laborioso dadas las distancias, por lo que se requiere una buena planificación. Aunque lo más práctico es utilizar los frecuentes ferrys, es una buena idea volar hasta Okinawa y desde allí moverse en barco.

| YAKUSHIMA ★★★

Esta isla al sur de Kyushu ha sido declarada Patrimonio de la Humanidad debido a su riqueza natural, especialmente por la antigüedad de sus sugi o cedro japonés, algunos de los cuales cuentan con más de 1.000 años (los más antiguos llegan hasta los 6.000 años). La isla es un paraíso para los amantes de la naturaleza y hay multitud de senderos para todos los niveles, desde paseos a través del interior selvático, hasta ascensiones a montañas de 2.000 m de altura.

En todo caso hay que estar preparado para la lluvia y la niebla, pues aunque la isla sea pequeña y en la costa brille el sol, es frecuente que el interior esté nuboso y llueva. Las dos poblaciones principales son **Miyanoura** y **Anbo**, donde se ubican muchas pensiones, llegan los ferrys desde Kagoshima y salen los autobuses locales.

• • • • • • • • •

✉ 150 km al sur de Kagoshima
⚓ Hay ferrys que tardan 2-3 horas desde Kagoshima por 16.100 ¥ ida y vuelta
🚗 La mejor manera de moverse es con coche de alquiler. Hay autobuses pero con poca frecuencia

El
norte de
Japón

Aunque no sea tan fácil llegar a los sitios con transporte público como en el sur, y el clima sea frío y duro durante gran parte del año, el norte de Japón es uno de los mejores lugares para viajar: el turismo es mucho menor, en los meses de verano no se debe padecer el calor húmedo que azota el resto del país y, a pesar de no contar con tantas atracciones históricas como el sur, dispone de suficientes paisajes impresionantes y vestigios del pasado como para mantener entretenido durante semanas al viajero más exigente. Vale, pues, la pena seguir los pasos de Matsuo Basho, el gran poeta japonés que realizó un viaje al norte de Japón en el siglo XVII, y emprender como él, el Estrecho Camino del Interior.

Hokkaido

Hokkaido, cuyo significado es "camino del Mar del Norte", fue la última isla en ser colonizada por los japoneses. Durante siglos sus habitantes, los ainu, habitaron en armonía con la naturaleza, en pequeños poblados, viviendo de la caza y la pesca. No fue hasta finales del siglo XIX cuando los japoneses empezaron a colonizar la isla, explotar sus bosques y tender líneas de tren y carreteras para impedir que los rusos conquistaran la isla. Aunque hoy en día apenas queden ainu y los bosques se hayan visto reducidos a una pequeña parte de lo que fueron, la isla tiene un carácter diferente al del resto del país.

Hokkaido es uno de los rincones de Japón más mágicos, especialmente para los que disfruten de los espacios abiertos y de la naturaleza en estado puro. Es la isla con menos densidad de población en Japón, y conducir por sus solitarias carreteras y explorar sus parques nacionales donde los osos campan a sus anchas es una delicia. Al contrario que en el resto del país, donde los trenes llegan a casi cualquier lugar y es fácil moverse en transporte público, en Hokkaido será necesario disponer de coche de alquiler o tener flexibilidad y paciencia para esperar a los autobuses.

▼ Colorido campo de lavanda y otras flores cultivadas.

● ● ● ● ● ● ● ●

📧 315 km desde Sapporo
🚆 3 horas y 40 min desde Sapporo

Teleférico al monte Hakodate
🕐 10-22 h
💰 1.500 ¥ ida y vuelta

● ● ● ● ● ● ● ●

📧 150 km al norte de Sapporo
🚆 1 hora y 30 min desde Sapporo a Asahikawa, desde allí bus a Asahidake Onsen o Sounkyo Onsen

Teleférico Asahidake
📱 www.asahidake.hokkaido.jp
🕐 6-18 h
💰 3.200 ¥ de jun. a oct.
2.200 ¥ de mediados de oct. a may.

▶ Parque Nacional Daisetsuzan.

❘ HAKODATE ✳

Hakodate es la puerta de entrada para los que llegan a Hokkaido en tren y una buena introducción a la isla. La ciudad fue una de las primeras en abrirse al comercio extranjero tras el periodo Edo. Fruto de aquella época ha quedado un cierto aire colonial en algunas calles del distrito de Motomachi, donde se han conservado las antiguas villas, consulados e iglesias de finales del siglo XIX.

Otro vestigio de aquel periodo son los antiguos **almacenes** de ladrillo junto al puerto, que se han restaurado y convertido en restaurantes y centros comerciales y que son uno de los lugares con más encanto de la ciudad. La principal atracción de la ciudad son las vistas que se contemplan desde el **monte Hakodateyama,** donde se puede ver la curiosa forma de la ciudad que recuerda a un reloj de arena. Conviene venir al anochecer para ver cómo se van encendiendo las luces a medida que oscurece. Se puede subir al monte andando por una red de senderos, en autobús o en teleférico.

❘ P. N. DAISETSUZAN ✳✳✳

El parque nacional más grande de Japón es un paraíso para los que les guste andar rodeados de volcanes activos, escarpadas montañas, lagos cristalinos y bosques cerrados, pero incluso los que no deseen moverse demasiado podrán disfrutar también de paisajes inolvidables desde el coche o gracias a los teleféricos. Las dos bases más útiles para explorar el parque son **Asahidake Onsen** o **Sounkyo Onsen,** dos pequeñas poblaciones con *ryokan* y algunos restaurantes, pero si se dispone de coche Asahikawa también puede ser una buena base desde la que realizar excursiones.

El mejor lugar para empezar las caminatas o simplemente contemplar las vistas es desde Asahidake Onsen, donde se toma el teleférico que lleva a los pies del **Asahi-dake,** la montaña más alta de Hokkaido con 2.290 m. Aquí se puede realizar un agradable paseo entre pequeños lagos con el volcán humeante de fondo o empezar una travesía andando que lleve hasta Sounkyo Onsen, al otro lado de las montañas.

Otro lugar recomendable para los que quieran andar un poco es ir hasta **Tokachi-dake Onsen,** desde donde se puede realizar un paseo de un par de horas hasta los pies del volcán, donde el terreno se vuelve descarnado y los gases sulfurosos brotan del suelo por doquier. Si simplemente se quiere un buen lugar para tomar fotos sin cansarse no hay más que ir a Furano, especialmente a la **granja**

Tomita, donde hay coloridos campos de lavanda y otras flores, con las montañas del parque nacional de fondo. Los fans del *trekking* pueden realizar la gran **travesía de Daisetsuzan,** de varios días de duración a través de remotos paisajes. Si se desea realizar cualquier paseo lejos de los teleféricos es conveniente llevar un cascabel como hacen todos los japoneses para espantar a los osos, puesto que en esta zona hay una importante población con los que es mejor no encontrarse.

Para moverse lo más práctico es alquilar un coche en Asahikawa. Si se tiene la posibilidad, es recomendable ir en septiembre cuando el otoño convierte al parque en un estallido de colores.

❙ P. N. SHIRETOKO ✱✱

Declarado Patrimonio de la Humanidad por la Unesco, este es uno de los parques nacionales más vírgenes de todo el país gracias a su lejanía de los principales núcleos de población. Dada la dificultad para acceder al interior y el peligro que comporta la gran población de osos, la mejor manera para ver el parque es con uno de los barcos que salen de Utoro, la puerta de entrada al parque, y que recorren la costa oeste de Shiretoko durante 90 minutos. Se podrá apreciar la accidentada costa, con frecuentes acantilados donde habitan miles de aves, cascadas que caen al mar, y si hay un poco de suerte, quizá algún oso paseando cerca de la orilla.

Otro punto acceso son los **Cinco Lagos de Shiretoko,** donde hay una serie de senderos sobre tablas de madera para realizar fáciles recorridos de 90 minutos, aunque entre mayo y julio dada la gran presencia de osos es obligatorio ir con un guía local.

❙ RISHIRI Y REBUN ✱✱✱

En uno de los puntos más alejados del archipiélago japonés se encuentran las islas de Rishiri y Rebun que conforman el **Parque Nacional Rishiri-Rebun-Sarobetsu.** Aunque requiere tiempo llegar, el esfuerzo se verá compensado al conocer uno de los rincones más bellos de todo Japón.

Rishiri es fácilmente reconocible por la amenazadora figura del **volcán Rishiri,** que con sus 1.721 m sobresale en el horizonte como un espejismo a medida que el viajero se acerca en barco desde Hokkaido. Aunque el principal motivo para venir a Rishiri es subir al volcán, un camino empinado y duro pero sin dificultad técnica, los que no tengan la energía pueden visitar pequeños pueblos de pescadores o contemplar el volcán desde miradores privilegiados

✉ 415 km al noreste de Sapporo
🚗 La mejor manera es en coche puesto que el transporte público es escaso
ℹ En la entrada de Utoro

✉ 450 km de Sapporo
🚆 Tren a Wakkanai, y ferry a Rishiri o Rebun. Horarios y precios en www.heartlandferry.jp/english

Rishiri
🚗 Autobús que hace la ruta circular de la isla, conexiones poco frecuentes. Tours en autobús por 3.000-4.000 ¥
ℹ Estación de ferrys

Rebun
🚗 Autobuses desde Kafuka al cabo Sukoton
ℹ Estación de ferrys

◄ Oso y ciervos en el Parque
Nacional Shiretoko,
declarado Patrimonio
de la Humanidad por la
Unesco.

como los **estanques Hime** y **Otomari**, o el **monte Pon**. **Oshidomari** es la puerta de entrada de la isla y donde se encuentran la mayoría de hoteles y restaurantes.

Por su parte, Rebun cuenta con un paisaje completamente distinto, con multitud de colinas cubiertas de verdes praderas, altos acantilados donde rompen las olas. Durante los meses de junio y julio surgen miles de flores alpinas a nivel del mar que harán las delicias de los amantes de la botánica o de los que simplemente disfruten con la naturaleza. Hay multitud de senderos que recorren la isla, muchos de los cuales son adecuados para la mayoría, puesto que no presentan grandes desniveles.

Son especialmente recomendables el **camino Momoiwa,** que además permite tener vistas del volcán Rishiri. La población principal de la isla es **Kafuka,** que cuenta con algunos restaurantes y hoteles y es el punto adonde llegan los ferrys.

📧 1.150 km de Tokio
✈ Vuelos entre 5.000-
10.000 ¥ por trayecto

Museo de la Cerveza
🕐 11.30-20 h (restaurante
hasta más tarde)
🎟 Gratis. Tour guiado: 500 ¥

Otaru
📧 38 km al noroeste
de Sapporo
🚃 40 minutos

❚ SAPPORO　　　　　　　　　　　　✱

Famosa por su cerveza, la capital de Hokkaido es un lugar ideal para pasar unos días disfrutando de su gastronomía, animado ambiente o de las excursiones en los alrededores. En todo caso, es el centro de transportes de Hokkaido por lo que tarde o temprano se deberá pasar por aquí. No hay grandes monumentos en Sapporo, su encanto reside en pasear mientras uno se empapa del ambiente de la ciudad. Posiblemente el lugar más famoso sea el **Museo de la Cerveza Sapporo,** situado en la antigua fábrica de cerveza, que hoy además incluye un buen restaurante donde beber cerveza y comer grandes cantidades de cordero.

En febrero la población celebra el **Festival de la Nieve,** con impresionantes esculturas realizadas con nieve y hielo. Los que estén en la zona en invierno pueden también acercarse a algunas de las mejores pistas de esquí del mundo con grandes cantidades de nieve como **Niseko** o **Rusutsu.**

Los que dispongan de algo de tiempo pueden coger el tren a la cercana **Otaru.** Esta ciudad cuenta con un bello canal jalonado por antiguos almacenes del siglo XIX perfectamente conservados y antiguas mansiones de la época en que la ciudad era un importante centro comercial.

Norte de Honshu

Conocida como Tohoku, la zona norte de Honshu está mucho menos industrializada y es mucho menos visitada que el sur de la isla, lo que unido a su clima suave en verano (aunque extremadamente frío en invierno), hace que sea una delicia viajar por allí. Los que decidan internarse en las montañosas provincias del norte podrán disfrutar de templos escondidos entre sombríos bosques, lagos alpinos, paisajes volcánicos y bañarse en algunos de los mejores *onsen* del país.

La mejor manera de moverse por Tohoku es en tren: realizar los recorridos largos en shinkansen y utilizar como base algunas de sus ciudades y pueblos, y desde ahí coger trenes locales o autobuses para llegar a a las principales atracciones. Aunque la costa este de Tohoku quedó muy afectada por el terremoto de 2011 y la subsiguiente explosión de la central nuclear de Fukushima, el resto de la región quedó intacta por lo que no supondrá ninguna dificultad moverse.

DEWA SANZAN ★★

Este es uno de los lugares más sagrados del norte de Honshu y engloba tres picos que representan el nacimiento (Haguro-san), la muerte (Gas-san) y el renacimiento (Yudono-san) para los seguidores del Shugendo, una mezcla de budismo y sintoísmo.

Cada año, miles de peregrinos recorren vestidos de blanco los senderos que conectan los tres picos (si se dispone de tiempo es una experiencia sublime para cualquiera que le guste andar o quiera conocer más sobre las tradiciones japonesas). Tradicionalmente el recorrido empieza en **Haguro-san,** la más accesible de las tres montañas, puesto que se puede llegar hasta la cumbre en coche o autobús, pero la tradición dicta que se han de subir los escalones que llevan hasta la cima rodeados de centenarios cedros japoneses. Desde aquí se puede ir andando los 20 km que hay hasta Gas-san o coger un autobús que lleva hasta la octava estación.

Gas-san, con 1.984 m es el pico más alto y solo está abierto en verano debido a la nieve que lo cubre el resto del año. Desde la octava estación se emplean unas tres horas para completar la ascensión hasta el **santuario Gassan-jinja.** Desde aquí se puede continuar el peregrinaje hasta **Yudono-san,**

• • • • • • • • •

150 km desde Sendai
Autobús desde Tsuruoka a Haguro (40 minutos).
Autobús desde Yudono-san a Tsuruoka (80 minutos)

◄ En la página anterior, Sapporo y escultura para el Festival de la Nieve, en la misma ciudad.

la más sagrada de las tres montañas (abierta de mayo a septiembre) y llegar hasta Yudonosan-jinja, donde se requiere seguir un circuito de purificación. Dado que es casi imposible realizar todo en un día, se puede dormir en algunos refugios y templos que hay en cada uno de los tres picos, aunque es recomendable reservar con antelación.

La puerta de entrada a la región es la ciudad de **Tsuruoka,** a la que se puede llegar en tren desde Sendai (con varias escalas) o desde Tokio.

▮ HIRAIZUMI ✱

Aunque hoy en día sea una pequeña ciudad de provincias, en el siglo XII Hiraizumi era un centro de poder que rivalizaba con Kioto. Desgraciadamente las guerras internas entre los clanes Fujiwara y Minamoto acabaron con su grandeza y jamás volvió a recuperar el esplendor de antaño. Hasta nuestros días han llegado una serie de templos, herencia de aquel periodo, que le han valido la designación de Patrimonio de la Humanidad por parte de la Unesco.

El templo mejor conservado es **Chuson-ji** fundado en el 850, aunque gran parte de las edificaciones que se han conservado datan del siglo XIII. El pabellón más espectacular es **Konjikido,** una pequeña edificación recubierta completamente de oro que es una de las grandes obras maestras del arte budista japonés; el templo se haya hoy a resguardo en un edificio de nueva construcción. Las otras dos salas que merecen ser mencionadas son **Hondo** y **Kyozo,** ambas también del mismo periodo.

Por el contrario, no queda apenas nada de **Motsu-ji,** otro de los grandes templos del periodo de esplendor de Hiraizumi, pero se ha conservado su jardín de estilo "Tierra Pura", típico de aquel periodo y que intenta representar el paraíso budista. Más allá de los ricos templos, Hiraizumi merece una visita por los agradables paseos que se pueden dar por los senderos que conectan los templos; es recomendable tomar un sendero marcado que pasa por los bosques que rodean la ciudad y conecta Chuson-ji con Motsu-ji. Se puede pedir un plano que muestra los senderos en la Oficina de Información de la estación de tren. Es fácil realizar la visita desde Sendai, o de camino hacia Kakunodate.

- - - - - - - - -
🖂 100 km al norte de Sendai
🚈 55 min desde Sendai con cambio en Ichinoseki

Chuson-ji
🕐 8.30-17 h
💴 800 ¥

Motsu-ji
🕐 8.30-17 h
💴 700 ¥

▮ KAKUNODATE ✱✱

Esta pequeña población escondida en el interior de Tohoku ha preservado en gran parte el mismo aspecto que tenía cuando fue fundada en el siglo XVII y se convirtió en una importante ciudad feudal.

- - - - - - - - -
🖂 250 km al norte de Sendai
🚈 1 hora y 30 min

Tazawa-ko
🚈 15 min desde Kakunodate

◀ Kakunodate, lugar ideal para ver el florecimiento del cerezo.

El castillo desapareció hace mucho, pero el antiguo barrio de los samuráis, con sus mansiones y jardines privados, ha llegado hasta nuestros días y permite imaginar cómo era la vida en aquellos tiempos. La mayoría de mansiones están abiertas para las visitas, y se encuentran en la calle principal de la ciudad. Además Kakunodate es un lugar ideal para ver el florecimiento del cerezo puesto que el río y las calles del barrio de los samuráis están llenas de ellos.

Kakunodate también puede servir de base para visitar el cercano **Parque Nacional Hachimantai**. Son especialmente recomendables el **lago Tazawa**, **Akita Komagatake**, una zona volcánica ideal para realizar caminatas, y **Nyuto Onsen**, uno de los mejores lugares en Japón para bañarse en un *onsen*, puesto que muchos de los establecimientos cuentan con siglos de historia. El más venerable de todos ellos es **Tsurunoyu Onsen**, que nadie debe perder la oportunidad de visitar. Si se está interesado por esta zona es conveniente preguntar en la Oficina de Información que hay en la estación de tren de Tazawa-ko, desde donde salen los buses a los diferentes lugares aquí mencionados.

| OSOREZAN ★★

En el punto más al norte de Honshu se encuentra la remota península de Shimokita, donde se levanta Osorezan que ha sido durante siglos uno de los tres lugares más sagrados de Japón y cuyo nombre significa la Montaña del Miedo. La tierra descarnada, el permanente olor a sulfuro debido a la actividad volcánica y las aguas burbujeantes provocaron que

¿Sabías que...?

Hay toda una etiqueta a la hora de ir a un *onsen*: en primer lugar es necesario desnudarse en los vestuarios e ir con una pequeña toalla de mano (que normalmente deja el propio establecimiento) a unas duchas alineadas en la pared. Allí, sentado en un taburete, es obligatorio enjabonarse y lavarse bien, utilizando la pequeña toalla como esponja. Después ya se puede entrar a la piscina cuidando de no meter en el agua la toalla usada (los japoneses se la ponen en la cabeza). Se debe salir de vez en cuando, para descansar antes de volver a introducirse en el agua. Una vez terminado el baño, se puede optar por darse una ducha de agua fría para no sufrir una bajada de tensión o para quitar el olor a azufre. En todo caso lo mejor es fijarse en los propios japoneses y repetir los pasos. En muchos *onsen* está prohibido entrar con tatuajes.

• • • • • • • • •

▨ 120 km desde Aomori
🚆 Tren desde Aomori a Shimokita (2 horas y 30 min), y bus a Osorezan (45 min)

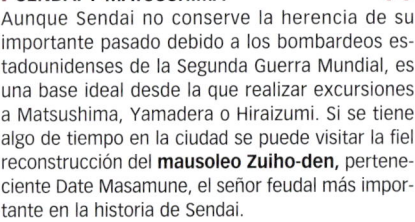

▲ Matsushima, considerada hace siglos como una de las tres grandes vistas de Japón.

desde siglos la zona haya sido considerada la puerta de entrada al Más Allá. Es por ello que hay decenas de estatuas de Jizo, una deidad budista que protege las almas de los niños.

La mejor manera de llegar es desde la gran ciudad de **Aomori,** desde donde se pueden coger los trenes, que circulan junto a un hipnótico paisaje costero durante el recorrido, y después uno de los poco frecuentes autobuses desde Shimokita a Osorezan. Aunque lo mejor es alquilar un coche.

❙ SENDAI Y MATSUSHIMA   ✷✷

Aunque Sendai no conserve la herencia de su importante pasado debido a los bombardeos estadounidenses de la Segunda Guerra Mundial, es una base ideal desde la que realizar excursiones a Matsushima, Yamadera o Hiraizumi. Si se tiene algo de tiempo en la ciudad se puede visitar la fiel reconstrucción del **mausoleo Zuiho-den,** perteneciente Date Masamune, el señor feudal más importante en la historia de Sendai.

Cuando se contempla el mar moteado de pequeños islote de bizarras formas recubiertos de pinos retorcidos por el viento, no sorprende que Matsushima fuera designada hace siglos una de las *Tres Grandes Vistas de Japón,* y que Matsuo Bas-

⌷ 370 km al norte de Tokio
⌷ 1 hora y 30 min

Zuiho-den
⌷ 9-16.30 h
⌷ 550 ¥

Matsushima
⌷ 40 min desde Sendai
⌷ barcos desde Hon-shiogama

ho quedara prendado cuando pasó por aquí hace 300 años en sus viajes por Tohoku.

Hay varios templos que vale la pena visitar, principalmente **Zuigan-ji** y **Kanran-tei,** pero la mejor manera para apreciar la belleza del lugar es coger uno de los barcos que salen desde Hon-Shiogama (dos estaciones antes de Matsushima) y hacer un recorrido por la bahía antes de llegar a la propia Matsushima.

También hay opción de coger un barco desde la propia Matsushima y elegir el recorrido que pasa por la zona de Oku-Matsushima. Es mejor evitar los fines de semana, pues la zona está tomada por hordas de turistas japoneses.

YAMADERA ✳

Este conjunto de templos budistas escondidos en las montañas del interior de Tohoku fueron creados en el 860, y como tantos otros lugares en el norte de Japón también está relacionado con Matsuo Basho, puesto que el poeta itinerante pasó por aquí y escribió un haiku dedicado al templo.

Para visitar los templos se deben subir 1.000 escalones en lo que se emplea alrededor de 30 minutos; una vez arriba el esfuerzo se verá recompensado por unas magníficas vistas del valle y las montañas circundantes. Si se tiene la fortuna de estar aquí en octubre los colores otoñales aún cubren los bosques de un manto rojizo. Esta excursión se puede realizar fácilmente desde Sendai.

⊠ 60 km al oeste de Sendai
🚆 1 hora línea Senzan
🕐 8-16 h
💴 300 ¥

▼ Las vistas son magníficas desde Yamadera.

GASTRONOMÍA

La gastronomía japonesa es una de las más famosas y reconocidas del mundo y será, sin duda, uno de los atractivos de cualquier viaje a Japón. La mayoría de restaurantes japoneses, exceptuando las *izakaya,* están especializados tan solo en un tipo de plato, por lo que se tendrá que decidir de antemano qué se quiere comer. El tipo de restaurante está indicado en el exterior… en japonés, pero si se echa un rápido vistazo al interior será fácil identificar la clase de comida que sirve cada uno.

▲ Algunos básicos japoneses: sushi, arroz y albóndigas de Matsuyama y yakitori.

▍ Restaurantes y gastronomía

Casi todos los restaurantes tienen menús de mediodía o *teishoku,* que son una buena manera de ahorrar dinero, o *bento,* una caja de comida para llevar. En los restaurantes jamás se paga la cuenta en la mesa, sino al cajero que está junto a la salida. No se debe dejar propina puesto que esto no hará otra cosa que confundir a los camareros que no sabrán qué hacer con el dinero.

Los **Shushi-ya** y **Kaiten-zushi** están especializados en *sushi* y *sashimi,* posiblemente los platos más conocidos de la gastronomía japonesa. El *sushi* es una pequeña loncha de pescado presentada sobre un montadito de arroz o envuelto en una alga marina, y el *sashimi* es el pescado sin el arroz. Más económicos y fáciles de usar son los *kaiten-zushi,* donde el *sushi* se va poniendo en una cinta de donde los comensales van cogiendo lo que les apetece; cada plato tiene un color y corresponde a una tarifa.

Soba-ya es un restaurante que sirve básicamente *soba* y *udon.* Los *udon* son fideos gruesos y los *soba* son de color marrón y más delgados. Se sirven de diferentes maneras: en un cuenco con un caldo, fríos o fritos *(yakisoba).* Los **Ramen-ya** son similares a los anteriores pero sirven *ramen,* una deliciosa sopa de fideos de trigo de origen chino, y algunos otros platos chinos como *yaki-meshi* (arroz frito) o *gyoza* (empanadillas chinas).

Los **Tonkatsu-ya** sirven una escalope de cerdo rebozada, que normalmente forma parte de un menú que consta de arroz, sopa de miso y el propio *tonkatsu.* A veces también tiene *korokke,* unas croquetas japonesas, que pueden ir rellenas de varios ingredientes. Los **Okonomiyaki-ya** están especializados en la llamada "pizza japonesa", que cocina el propio cliente en una plancha en su propia mesa con los ingredientes que él desee. Lo mejor para entender de que se trata es degustar un *okonomiyaki.*

Los **Yakitori-ya** sirven *yakitori,* pinchos de pollo a la parrilla que pueden contener diversas partes

◄ Preparando sushi en un restaurante de Tokio.

del animal como la piel, el hígado o simplemente la carne. Los **Tempura-ya** sirven fritos de pescado, vegetales y gambas que se mezcla con una salsa y normalmente van acompañados de arroz.

Los **Unagi-ya** sirven una de las delicias de la cocina japonesa: la anguila. Está cocinada sobre carbones ardientes y sazonada con un salsa.

Los **Sukiyaki-ya** sirven *sukiyaki* y *shabu-shabu*. El primero es un plato de carne cortadas en finas lonchas, con verduras y tofu, que debe cocinar el propio cliente en una sartén colocada en el centro de la mesa. El *shabu-shabu* se cuece en una olla también con dos salsas para sazonar los ingredientes. Los **Kaiseki Ryori** son el culmen de esta gastronomía. El *kaiseki* es una cocina refinada donde los sabores, los aromas y la presentación buscan que la comida se convierta en una experiencia única. Desgraciadamente todo este lujo tiene un precio a su altura.

Obviamente también hay algunos restaurantes que tienen comida variada para todos los gustos como las **Izakaya**, la versión japonesa de los bares de tapas en las que se puede comer un poco de todo y sobre todo beber grandes cantidades de cerveza. Los **Shokudo** o **Famiresu** son restaurantes familiares con una amplia selección de platos tanto japoneses como occidentales.

Bebidas

Entre las bebidas alcohólicas, la más consumida es la **cerveza** *(biiru),* hay infinidad de marcas locales de buena calidad. El *sake* es el licor de arroz que ha sido destilado durante siglos y que aún hoy forma parte de muchas de las ceremonias tradicionales y festivales. El *shochu* es un aguardiente de patata o cebada, con alta graduación alcohólica.

El **té verde** es la bebida omnipresente y en los restaurantes se sirve gratuitamente. El **café** generalmente es caro, aunque hay una gran cantidad de cafeterías tipo Starbucks.

▼ Té verde en polvo e instrumental para la ceremonia del té.

Dónde...

Restaurantes

TOKIO Y EL CENTRO DE HONSHU

Tokio

Gonpachi (C)
El Gonpachi es conocido como el restaurante de Kill Bill porque los decorados de una de las escenas de la película se basaron en este restaurante. Se sirven *soba* y varios tipos de brochetas.
- ✉ 1-13-11 Nishi-Azabu, Minato-ku
- ☎ 5771-0170
- 🖥 www.gonpachi.jp
- 🚇 Roppongi

Kapou Yoshiba (C)
Abierto en un antiguo establo de sumo, ofrece la misma comida que toman los luchadores: el *chanko-nabe*; un guiso que incluye varios tipos de carne y vegetales. Está cerca de la salida A1.
- ✉ 2-14-5 Yokoami, Sumida-ku
- ☎ 3623-4480
- 🖥 www.kapou-yoshiba.jp/english/index.html
- 🚇 Ryogoku

Irokawa (M)
Este pequeño restaurante de fachada verde sirve algunos de los mejores platos de *unagi* (anguila) a la brasa de todo Tokio, como lo ha venido haciendo desde 1861.
- ✉ 2-6-11 Kaminarimon, Taito-ku
- ☎ 3844-0590
- 🚇 Asakusa

Shabuzen (M)
Cadena de restaurantes que se encuentra por todo el país. Su cocina está especializada en el *sukiyaki* y *shabu-shabu*, con precios correctos y menú en inglés. Hay varias calidades y carnes para elegir, pero si se tiene hambre, es recomendable optar por el *All you can eat*, que incluye todo lo que se pueda comer.
- ✉ Ed. Mita, piso B1, 2-14-33 Akasaka, Minato-ku
- ☎ 6229-1129
- 🚇 Akasaka

Sushizanmai Roppongi Roi (M)
Pertenece a una extensa cadena de locales de *sushi* que trabaja con ingredientes frescos y de gran calidad a precios baratos. Está abierto las 24 horas. Tiene otros restaurantes junto al mercado de Tsukiji.
- ✉ Ed. Roppongi Roi, 14-11-3 Roppongi, Minato-ku
- ☎ 5771-2440
- 🚇 Roppongi

Tsunahachi (M)
Es el principal restaurante de una exitosa cadena especializada en tempura que mantiene unos precios bastante asequibles. El cliente se sienta en una barra desde donde puede ver cómo los cocineros fríen las gustosas porciones.
- ✉ 3-31-8 Shinjuku, Shinjuku-ku
- ☎ 3352-1012
- 🖥 www.tunahachi.co.jp
- 🚇 Shinjuku

Katsukichi (E)
Famoso local de tipo familiar especializado en *tonkatsu* (filete de cerdo rebozado). Ofrece hasta 50 variedades.
- ✉ 1-21-12 Asakusa, Taito-ku
- ☎ 3841-2277
- 🚇 Asakusa

Monkichi y la "calle Monja" (E)
El *okonomiyaki* recibe en Tokio el nombre de monja, y es la especialidad de este famoso restaurante. El local se encuentra algo escondido, en la llamada "calle Monja", aunque si no se encuentra se puede escoger otro de las decenas de restaurantes de monja.
- ✉ 3-8-10 Tsukishima, Chuo-ku
- ☎ 3531-2380
- 🚇 Tsukishima

Uogashi Nihon-ichi (E)
En esta cadena de restaurantes de *sushi* los clientes comen de pie. La cadena ha tenido mucho éxito gracias a sus restaurantes pequeños y acogedores, el pescado fresco y los precios imbatibles, y además tiene menú en inglés. Es fácil distinguirlos por el rótulo de sus fachadas, en el que están escritas las palabras en inglés *"Standing Sushi Bar"*. Hay varios por la ciudad.
- ✉ 25-6 Udagawacho, Shibuya-ku
- 🚇 Shibuya

Para ahorrar

En Japón hay restaurantes para todos los presupuestos. A pesar de ello, los bolsillos más ajustados pueden ahorrar comiendo a base de *bento* (cajas de comida para llevar). Estas cajas se pueden comprar directamente en algunos restaurantes por un precio en algunos casos muy inferior que lo que costaría comerlo allí. También se puede comprar *bento* en tiendas especializadas, en las estaciones de tren y en algunos supermercados.

A mediodía es muy recomendable buscar un menú. Los precios son mucho más baratos.

E = menos 15 €
M = entre 15-30 €
C = más de 30 €

Ippudo (E)

Una de las mejores cadenas de ramen de Japón, especializada en ramen de Hakata. En este caso mencionamos la sede de Roppongi que está escondida en una bocacalle, pero siempre repleta de comensales japoneses dispuestos a hacer algo de cola para degustar un *tonkotsu ramen* delicioso.

- 4-9-11 Ed. Odagiri, Roppongi, Minato-ku
- 5775-7561
- www.ippudo.com
- Roppongi

La mejor carne del mundo

La denominación "carne de Kobe" está reservada a la que proviene de la variedad de vacuno wagyu, que se cría en la provincia de Tajima. Kobe es la ciudad desde cuyo puerto se distribuye a todo el mundo. Este ganado es criado en tan solo 262 pequeñas granjas que tienen entre 5 y 15 animales, mimados hasta en el más mínimo detalle, con especial atención a la dieta. Durante los meses de verano se les suministra cerveza para abrirles el apetito y hacer que consuman más forraje. Además, reciben masajes para mejorar su tono muscular, y algunos ganaderos incluso llegan a bañarlos con sake porque consideran que da mejor textura a la carne. La carne de Kobe es una verdadera delicia, y cuesta unos 200 € el kilo.

Takayama

Kyoya (M)

El restaurante más recomendable de Takayama, situado en un venerable edificio junto a un pequeño canal, y con comida deliciosa. Es especialmente recomendable su carne de Hida. Abre a partir de las 17 h.

- 1-77 Oshinmachi
- 577-34-7660

Maruaki (C)

Este moderno local, que también tiene una carnicería adjunta, está especializado en la deliciosa carne de Hida, que nadie debe irse sin probar en una visita a Takayama.

- 6-8 Tenmanmachi
- 577-35-5858

Heianraku (E)

Es un pequeño restaurante en la calle principal, que sirve comida japonesa casera, en un ambiente desenfadado. La pareja que lo lleva es muy amable y ayuda en cualquier duda que se puede tener. Conviene reservar.

- 6-7-2 Temman-Cho
- 577-32-3078

Matsumoto

Kobayashi Soba (M)

Este restaurante está dedicado a los *soba,* un tipo de fideo japonés, que aquí preparan a la perfección de varias maneras.

- 4-8-6 Ote
- 263-32-1298

Kanazawa

Sushi Ippei (M)

Restaurante pequeño, con apenas 10 taburetes alrededor de una barra, regentado por una pareja que prepara un sushi sensacional a un precio correcto.

- 1-5-29 Katamachi
- 76-261-8674

KIOTO Y KANSAI

Kioto

Hyotei (C)

Hace 300 años fue una casa de té para los peregrinos llegados a Nanzen-ji y hoy es uno de los mejores restaurantes de Japón para degustar kaiseki. Cuenta con tres estrellas Michelin. Conviene reservar con antelación.

- 35 Kusakawa-cho, Nanzen-ji
- 75-771-4116
- Keage

Mishima Tei (C)

Mishima ha sido sinónimo del mejor *sukiyaki* durante 130 años, y sigue siendo el restaurante más famoso de esta especialidad culinaria japonesa. Está, en una antigua casa, en la confluencia de las calles Teramachi y Sanjo.

- 405 Sakuranocho, Teramachi-dori-Sanjo
- 75-221-0003
- https://kyoto-mishimatei.com/
- Kyoto-shiyakusho-mae

Salvatore Cuomo (M)

Un buen restaurante italiano con una buena relación calidad precio en pleno centro de Kioto, e incluso con una pequeña terraza junto a un canal que es una delicia en las noches veraniegas.

- 90 Nakajima-cho, KawaramachiSanjo-Higashiiru
- 75-212-4965
- Sanjo

Musashi Sushi (E)

Una de las mejores elecciones para comer *sushi* a buen precio en el mismo centro de Kioto. Normalmente hay cola así que quizá haya que esperar. Hay otra sucursal en la estación de Kioto.

- Kawaramachi-dori-Sanjo
- Kyoto-shiyakusho-mae

Isami Sushi (M)

Un pequeño restaurante de sushi familiar con casi cien

Fugu

El fugu o pez globo es un animal de aguas tropicales que contiene tetrodotoxina, un peligroso veneno para el que no se conoce antídoto y que paraliza los músculos hasta que la víctima muere por asfixia en unas horas. Su ingesta está prohibida en la Unión Europea, pero en Japón es considerado una delicia. Los restaurantes que lo sirven tienen licencias especiales y los cocineros cursan unos estudios de tres años para poder prepararlo.

Los casos de muerte no son muchos, y suelen deberse a la temeridad de algunos cocineros aficionados que decidieron probar suerte o al desconocimiento de algunos locos empeñados en comerse el hígado del fugu, particularmente venenoso. Los restaurantes de fugu son fácilmente reconocibles por los dibujos del pez globo que hay en sus puertas.

años de antigüedad. Los comensales se sientan en la barra y van viendo como el *sushiman* prepara con delicadeza los *nigiris* y *makis*. Es mejor reservar puesto que acostumbra a llenarse con facilidad.

- ✉ Ed. Petit Chalet Oike, 446-6 Higashi Sasaya-cho, Higashinotoin-dori Oike
- ☎ 75-221-4860
- Ⓜ Karasuma Oike

Kobe Beef Steak Mouriya Gion (C)

Si se quiere probar carne de Kobe no hace falta buscar más, qué mejor lugar que un restaurante cuyo origen está en la propia ciudad de Kobe. Este es uno de los mejores restaurantes de carne de Kobe en Kioto, en un local muy elegante en pleno barrio de Gion. Es necesario reservar.

- ✉ Ed. Mauriya, 7-1 Yamato-cho, Yamatooji-dori Shijo, Higashiyama
- ☎ 075-532-4129
- Ⓝ www.mouriya.co.jp/gion
- Ⓜ Gion-Shijo

Ichiran Kyoto Kawaramachi (E)

Una de las mejores cadenas de ramen a nivel nacional, originaria de Fukuoka. Vale la pena probar el ramen aquí, sea en esta sucursal o en cualquier otra de Kioto o Japón, tanto por el sabroso ramen como por el curioso sistema donde la gente se alinea en cubículos individuales frente a una cortina que solo se abre para dejar pasar el ramen. Hacer la cola que hay siempre vale la pena.

- ✉ 598 Uraderacho, Nakagyo-ku
- Ⓝ https://en.ichiran.com/ramen
- Ⓜ Kawaramachi

Tempura Endo Yasaka (C)

Una de las direcciones imprescindibles para probar una tempura de calidad en un restaurante situado en el sur de Gion. Es imprescindible, como en tantos otros restaurantes de calidad de Kioto, reservar.

- ✉ 566 Komatsu-cho, Higashiyama-ku
- ☎ 075- 551-1488
- Ⓝ www.gion-endo.com/sp_en/
- Ⓜ Gion-Shijo

Osaka

Kagairo (C)

Un restaurante histórico y emblemático de Osaka con más de 180 años en funcionamiento. De cocina tradicional japonesa.

- ✉ 1-1-14, Kitahama, Cho-ku
- ☎ 6-6231-7214
- Ⓝ http://kagairo.co.jp/history/
- Ⓞ Cierra los domingos.

Kanidouraku Dotombori-Honten (C)

Un icónico restaurante fácilmente reconocible por el grandioso cangrejo en su fachada, y cuyo plato estrella es… ¡el cangrejo!, preparado de varias maneras.

- ✉ 1-6-18 Dotombori, Chuo-ku
- ☎ 6-6211-8975
- Ⓜ Namba

Matsuzakagyu Yakiniku (M)

Uno de los mejores restaurantes de yakiniku en Osaka. Aquí se puede degustar algunas de las más sabrosas carnes de Japón. Imprescindible para carnívoros.

- ✉ 1-1-19 Namba, Chuo-ku
- ☎ 6-6211-2917
- Ⓜ Namba

Sushizanmai Dotombori (M)

Popular local de esta buena cadena de restaurantes de *sushi*, con pescado de buena calidad a precios correctos.

- ✉ 1-7-21 Dotonbori, Chuo-ku
- ☎ 6-6484-2280
- Ⓜ Namba

EL SUR DE JAPÓN

Hiroshima

Nagataya (E)

El sitio ideal para los que quieran degustar el plato típico de la ciudad: el *okono-miyaki* de Hiroshima; preparado en una plancha frente al comensal. Y además está muy cerca de la Cúpula de la Bomba Atómica.

✉ 1-7-19 Otemachi, Naka-ku
☎ 82-247-0787

Okonomimura (E)

Un edificio de varias plantas con decenas de pequeños restaurantes dedicados enteramente al *okonomiyaki* de Hiroshima. Los restaurantes son parecidos: una plancha alrededor de la que se sientan los clientes y donde el cocinero prepara los *okonomiyaki*. Lo mejor es seguir a los locales y sentarse en alguno donde haya gente.

✉ 5-13 Shintenchi, Naka-ku

Matsuyama

Goshiki (M)

Situado junto a la oficina de Correos, aquí preparan unos deliciosos *goshiki so-men*, unos fideos de cinco colores diferentes típicos de Matsuyama.

✉ 3-5-4 Sambancho
☎ 89-933-3838

Takamatsu

Chikusei (E)

Otro restaurante recomendable especializado en *udon* muy apreciado por la gente local. El sistema es *self-service* pero los empleados explicarán el funcionamiento amablemente.

✉ 2-23 Kameokacho
☎ 87-834-7296

Ueharaya-honten (E)

El plato típico de la ciudad son los fideos *udon* y este restaurante es uno de los mejores. Los fideos están hechos a mano y hay varios tipos de platos cocinados con ellos. Está delante de Ritsurin-koen.

✉ 1-16-6 Ritsurincho
☎ 87-831-6779

Kagoshima

Yataimura (E-M)

El mejor lugar de Kagoshima para degustar la cocina local. En este mini barrio de cuatro calles hay decenas de diminutos restaurantes, algunos con apenas 5 sillas, de comida japonesa para todos los gustos, aunque la especialidad local es el cerdo negro. Está junto a la estación de tren, por lo que es fácil de encontrar.

✉ 6-4 Chuocho

Kumamoto

Suganoya Shinsigai (C)

Aquí sirven la especialidad de Kumamoto: carne de caballo, preparada de varias maneras. Esta sucursal es la más céntrica, pero hay dos más, en la estación y en el centro.

✉ 2-10 Shinsigai
☎ 96-312-8345

Katsuretsu Tei Shinshigai (E)

Restaurante especializado en *tonkatsu* (cerdo empanado) de carne jugosa y tierna. Además tienen menú en inglés y está en pleno centro.

✉ 935-1 Hirogimachi, Higashi-ku
☎ 96-322-8771

Nagasaki

Yosso (M)

Un restaurante con solera inaugurado en 1866 especializado en *chawanmushi*, un plato de natilla de huevo con carne o vegetales.

✉ 8-9 Hamamachi
☎ 95-821-0001

Shikairo (E)

Otro restaurante creado en el siglo XIX, en este caso especializado en el plato típico de Nagasaki, el *champon: ramen* con pulpo, cerdo y vegetales en un caldo delicioso. Está cerca de los jardines Clover.

✉ 4-5 Matsugae-machi
☎ 95-822-1296

Naha (Okinawa)

Ashibiuna (M)

Cocina japonesa variada con una muy buena relación calidad-precio y situado muy cerca del castillo Shuri.

✉ 2-13 Shuritonokura-cho
☎ 98-884-0035

Yunangi (M)

La cocina de Okinawa es diferente a la del resto de Japón y es muy recomendable probarla. Posee un menú degustación. Suele haber cola pero vale la pena la espera.

✉ 3-3-3 Kumoji
☎ 98-867-3765

Yakushima

Shiosai (M)

Pequeño y acogedor restaurante ubicado en Miyanoura que sirve platos variados, aunque especialmente recomendables son sus platos de *sashimi*.

✉ 305-3 Miyanoura
☎ 997-42-2721

Izakayas

Las *izakayas* son pubs a la japonesa que abren a partir de las 17 h para la gente que después de acabar el trabajo vengan a tomar unas cervezas mientras comen tapas variadas de la gastronomía japonesa. Probar una *izakaya* es una de las experiencias imprescindibles del viaje; muchas de ellas tienen menús con fotos, y si no, se puede mirar lo que comen otros clientes y señalar lo que se desee.

El Té

El té es uno de los pilares de la cultura japonesa y su origen, como tantas otras cosas en Japón, proviene de China. El que más se bebe en Japón es el té verde, que tiene infinidad de variedades. Las más comunes son el *sencha*, de calidad media; el *matcha*, el té verde en polvo de gusto amargo comúnmente utilizado en la ceremonia del té; el *bancha*, de peor calidad, que tiene un color marrón y se sirve gratuitamente en los restaurantes, y el *gyokuro*, que es el mejor y solo se sirve en ocasiones especiales.

EL NORTE DE JAPÓN

HOKKAIDO

Hakodate

Daimon Yokocho (E-M)
Este conjunto de callejuelas cuenta con una buena colección de pequeños restaurantes y izakayas al más puro estilo japonés. Una verdadera experiencia en la que se podrá probar todo tipo de delicias. Está a apenas dos calles de la estación de tren.
- ✉ 7-5 Matsukazecho

Asahikawa (P.N. Daisetsuzan)

Hachiya (E)
Otro restaurante especializado en *ramen* que rivaliza con el posterior en cuanto a la calidad de sus fideos.
- ✉ 7-6 5jodori
- ☎ 166-22-3343

Santoka Asahikawa Honten (E)
Local junto a la estación especializado en *ramen* preparado con salsa de soja, la especialidad gastronómica de la ciudad.
- ✉ 8-348-3 1Jodori
- ☎ 166-25-3401

Sapporo

Kani-honke (C)
No se puede visitar Hokkaido y no probar su delicioso marisco recién pescado.
- ✉ N3W2 Chuo-ku
- ☎ 11-222-0018

Sapporo Beer Garden (M)
Otra de las especialidades es el *Jingusikan*, una deformación del nombre Genghis Khan y que consiste en cordero cocinado por el mismo comensal en la mesa. Este local está situado en una sala de la antigua destilería de la cerveza Sapporo.

- ✉ N7E9 Chome 2-10, Higashi-ku
- ☎ 0120-150-550

Ramen Yokocho
Esta callejuela repleta de restaurantes de ramen en pleno centro de la ciudad es el lugar ideal para probar un ramen típico de Sapporo, uno de los más famosos en Japón.
- ✉ 3 Chome minami 5 Jonishi
- ☎ 11-530-5002
- 🚇 a 2 min. del metro Susukino

RISHIRI Y REBUN

Kaisendokoro Kafuka (M)
Lo habitual es tener la cena incluida en el hotel, pero este local es realmente recomendable por sus platos de pescado y marisco fresco. Es muy recomendable el erizo de mar.
- ✉ 558-1 Kafukamura Tonnai
- ☎ 163-86-1745

NORTE DE HONSHU

Kakunodate

Kakunodate Soba (M)
Fideos tipo *soba*, preparados tanto fríos como calientes.
- ✉ 17 Kakunodatemachi Iwasemachi
- ☎ 187-53-2054

Sendai

Aji Tasuke (M)
Otro excelente restaurante especializado en lengua de ternera con un personal muy agradable.
- ✉ 4-4-13 Ichiban-cho, Aoba-ku
- ☎ 22-225-4641

Umami Tasuke (M)
La especialidad de Sendai es la lengua de ternera (*Gyutan*), y este restaurante la prepara de manera deliciosa por 1.500 ¥.
- ✉ 2-11-11 okubuncho, Aoba-ku
- ☎ 22-262-2539

Alojamientos

TOKIO Y EL CENTRO DE HONSHU

Tokio

La plataforma **Airbnb** es una buena alternativa para encontrar alojamiento en Tokio y el resto de Japón. Una excelente manera de integrarnos en la cultura del país.

Hotel Gracery Shinjuku (C)

Dedicado al célebre monstruo japonés Godzilla. Se encuentra en la animada zona de Kabukicho. El hotel dispone de varios restaurantes y sus habitaciones, aunque algo pequeñas para los estándares europeos, son cómodas y funcionales.

- ✉ 1-19-1 Kabukicho, Shinjuku-ku
- ☎ 3 6833 2489
- 🖥 http://shinjuku.gracery. com/es/
- 🚇 Shinjuku

Keio Plaza Hotel (C)

Además de sus lujosas y amplias habitaciones (no es lo normal en Tokio) los fans de Hello Kitty se pueden alojar en una estancia dedicada a este personaje. Cabe destacar sus zonas comunes: piscina en la séptima planta y un bar en la planta trigésimo cuarta con unas vistas increíbles.

- ✉ 2-2-1 Nishi-Shinjuku, Shinjuku-ku
- ☎ 3 3344 0111
- 🖥 www.keioplaza.com
- 🚇 Estación de Shinjuku

Mandarin Oriental (C)

Rezuma lujo por los cuatro costados. Su decoración estuvo a cargo de artesanos japoneses. La recepción del hotel, situada en el piso 38, ya es especta-

cular, y las habitaciones tienen unas vistas magníficas sobre Tokio.

- ✉ 2-1-1 Nihonbashi Muromachi, Chuo-ku
- ☎ 3270-8800
- 🖥 www.mandarinoriental.. com/tokyo
- 🚇 Mitsukoshimae

Park Hyatt (C)

Es el hotel más famoso de Tokio gracias a que aparece en la película *Lost in Translation*, dirigida por Sofia Coppola. Todo en el hotel es espectacular: las vistas, las habitaciones, las instalaciones... Si se puede pagar, esta es la mejor elección.

- ✉ 3-7-1-2 Nishi-Shinjuku, Shinjuku
- ☎ 5322-1234
- 🖥 www.tokyo.park.hyatt.com
- 🚇 Shinjuku

Shibuya Tokyu Inn (C)

Cadena de hoteles que se encuentra con todo Japón, aunque con un nivel de comodidad superior. Esta sede se encuentra en pleno centro de Shibuya.

- ✉ 1-24-10 Shibuya, Shibuya-ku
- ☎ 3498-0109
- 🖥 www.tokyuhotels japan.com
- 🚇 Shibuya

Albergue Book and Bed (M)

Hay varios en la ciudad de Tokio: en Ikebukuro y Asakusa. Las camas están dispuestas en dormitorios en los que se comparte el baño y no faltan libros para leer en cualquier momento que nos plazca.

- ✉ 1-17-7, Lumiere buillding 7th floor, Nishi Ikebukuro, Toshima-ku
- 🖥 http://bookandbed tokyo.com
- 🚇 Ikebukuro

Ryokan Shigetsu (M)

Un recomendable ryokan situado en una callejuela tranquila en el centro de Asakusa, con habitaciones de tamaño medio y baño.

- ✉ 1-31-11 Asakusa, Taito-ku
- ☎ 3843-2345
- 🖥 www.shigetsu.com
- 🚇 Asakusa

K's House Tokyo (E)

Posiblemente, el mejor albergue de Tokio, con habitaciones y baños cuidados y limpios, y personal amable. Aunque los dormitorios son diminutos, las zonas comunes son muy acogedoras. Disponen de otras localizaciones en la ciudad de calidad similar,

Precios

El precio que se indica es el de la habitación doble estándar:

E: Económico (menos de 60 €)

M: Medio (entre 60 € y 150 €)

C: Caro (más de 150 €)

Japón es un buen destino para viajar en solitario, puesto que no hay problema para encontrar una gran oferta de habitaciones individuales a buen precio. El 80 % de las habitaciones en la mayoría de los hoteles de negocios son individuales.

El espacio es el principal problema de los hoteles de Tokio y las grandes ciudades y, excepto en los más caros, las habitaciones serán pequeñas para los estándares europeos.

por lo que conviene mirar su web.

- ✉ 3-20-10 Kuramae, Taito-ku
- ☎ 5833-0555
- 🖥 http://kshouse.jp/tokyo-e
- 🚇 Kuramae

Sakura Hostel (E)

Uno de los albergues más famosos de Tokio. Ofrece estancias dobles con baño compartido algo claustrofóbicas y sin apenas espacio para las maletas, y otras habitaciones comunitarias. Cuentan con otros albergues similares en otros barrios.

- ✉ 2-24-2 Asakusa, Taito-ku
- ☎ 3847-8111
- 🖥 www.sakura-hostel.co.jp
- 🚇 Asakusa

Hotel Asia Center of Japan (M)

Uno de los mejores hoteles en Tokio por su relación calidad-precio y su localización en el tranquilo

---

Ryokan

Son los hoteles tradicionales que permiten alojarse al estilo japonés. Al entrar, el cliente debe descalzarse y ponerse las zapatillas que se le ofrecen.

Las habitaciones son sobrias, sin apenas mobiliario. Se duerme en un futón sobre el tatami que durante el día se guarda en el armario. Existe un amplio abanico de *ryokan*, desde los más básicos y familiares a verdaderos santuarios del lujo. Dos asociaciones recomendables que engloban a cientos de *ryokan* son la *Japan Ryokan Association* (www.ryokan.or.jp) y la *Japanese Inn Group* (www.jpinn.com).

---

barrio de Akasaka, a apenas 10 minutos andando de Roppongi. Las habitaciones han sido renovadas y son espaciosas para los estándares de Tokio.

- ✉ 8-10-32 Akasaka, Minato-ku
- ☎ 3402-6111
- 🖥 www.asiacenter.or.jp
- 🚇 Aoyama itchome

Mitsui Garden Ueno (M)

Hotel funcional a dos pasos de la estación de Ueno. Es ideal para los que quieran estar en esta zona de la ciudad o tengan que coger un tren para ir al norte del país o que lleguen de Narita con el tren Keisei Ueno.

- ✉ 3-19-7 Higashi ueno
- ☎ 3839-1131
- 🖥 www.gardenhotels.co.jp/ueno/
- 🚇 Ueno

Takayama

Sumiyoshi Ryokan (C)

Si se dispone de dinero esta es posiblemente la mejor opción para dormir en Takayama. Un venerable *ryokan* de madera a la vieja usanza con *onsen* incluido, que convertirá la estancia en la ciudad en una experiencia inolvidable. Es recomendable incluir la cena para completar la estancia.

- ✉ 4 Hon-machi
- ☎ 577-32-0228
- 🖥 www.sumiyoshi-ryokan.com

Ricksaw Inn (E)

Albergue muy limpio y cuidado. Dispone de habitaciones de estilo occidental y también con tatami. El personal informa perfectamente para sacar el máximo partido de Takayama.

- ✉ 54 Suehirocho
- ☎ 577-32-2890
- 🖥 www.rickshawinn.com

Mercure Takayama (M)

Hotel inaugurado recientemente con habitaciones amplias y modernas,

---

ubicación ideal junto a la estación de tren y además un onsen perfecto para relajarse después de un día de visitas.

- ✉ 4-311-1 Hanasatomachi
- ☎ 577-35-2702

Matsumoto

Dormy Inn Matsumoto (M)

Perteneciente a una cadena de hoteles de negocios funcionales, ofrece habitaciones pequeñas pero modernas y limpias

- ✉ 2-2-1 Fukashi
- ☎ 263-33-5489

Marumo Ryokan (M)

Un pequeño *ryokan* situado en una antigua casa de madera con habitaciones pequeñas y lavabos compartidos pero que hará las delicias de cualquiera que duerma aquí tanto por su encanto como por la amabilidad de sus propietarios.

- ✉ 3-3-10 Chuo
- ☎ 263-32-0115

Kanazawa

Daiwa Roynet Kanazawa (M)

Hotel de negocios con habitaciones más espaciosas de lo normal y bien decoradas frente a la estación de Kanazawa, por lo que es perfecto para los que viajen en tren.

- ✉ 2-20, Horikawashinmachi
- ☎ 76-224-7755
- 🖥 www.daiwaroynet.jp/english/kanazawa

KIOTO Y KANSAI

Kioto

Hotel Granvia Kyoto (C)

Un hotel excelente con habitaciones modernas, amplias y de gran tamaño, ubicado sobre la estación de tren, a la que se accede a través del propio ascensor del establecimiento.

✉ JR Kyoto Station, Shymogyo-ku
☎ 344-8888
🌐 www.granvia-kyoto.co.jp
🚉 Kyoto Station

Hiiragiya Ryokan (C)
Por este *ryokan,* el más famoso de Kioto, han pasado todo tipo de personalidades. Los detalles están cuidados con mimo, la cena kaiseki es excelente y las habitaciones son muy amplias. Una recomendable experiencia.
✉ Nakahakusancho, Fuyacho Anekoji-agaru, Nakagyo-ku
☎ 221-1136
🌐 www.hiiragiya.co.jp
🚉 Karasuma-Oike

Hotel The Screen (C)
Especial y con un diseño de estilo moderno cuidado hasta el último detalle. Cada habitación ha sido decorada por un diseñador diferente.
✉ 640-1 Shimogoryomaecho, Nakagyo-ku
☎ 252-1113
🌐 www.screen-hotel.jp
🚉 Marutamachi

Daiwa Roynet (M)
Habitaciones amplias para los estándares japoneses, cuidadas y modernas a un precio asequible; además cuenta con una localización perfecta al sur de la estación lo que lo convierte en una de las mejores opciones en la ciudad.
✉ 9-2, Higashikujo-kitakara-sumacho, Minami-ku
☎ 75-693-0055
🌐 76-224-7755
🚉 Kyoto Station

Hotel Hearton (M)
Sin pretensiones. Fuera del centro, pero bien conectado con los principales lugares de interés. Habitaciones sencillas y desayuno estilo japonés y occidental.
✉ 405 Funaya-cho, Nakagyo-Ku, Kyoto-shi,

☎ 75 222 1300
🌐 www.hearton.co.jp/en/

Nissho-Besso Ryokan (M)
Un *ryokan* al más puro estilo japonés emplazado en una casa tradicional en un barrio encantador. Una de las mejores opciones en su categoría por su ajustada relación calidad-precio.
✉ 13 Nakano-cho, Tominokoji nishi-iru, Sanjo-dori, Nagakyo-ku
☎ 221-7878
🌐 http://nissho-besso.com
🚉 Karasuma-Oike

Gojo Guesthouse (E)
Agradable albergue con aires de *ryokan* que ofrece habitaciones de estilo tradicional con tatami y futón, y baño compartido.
☎ 3-396-2 Gojobashihigashi, Higashiyama-Ku
☎ 525-2299
🌐 www.gojo-guest-house.com
🚉 Keihan Gojo

K's House Kyoto (E)
Uno de los mejores albergues de la ciudad, con habitaciones limpias, lavabos compartidos impoluto y un agradable café.
✉ 418 Nayacho, Shichijo-agaru, Dotemachi-dori, Shimogyo-ku
☎ 342-2444
🌐 http://kshouse.jp/kyoto-e/index.html
🚉 4, 205

Piece Hostel Sanjo (E)
Albergue moderno y muy bien situado en pleno centro con desayuno variado incluido. Tiene zonas comunes muy amplias y agradables, cuenta con un personal muy amable y cuentan con alquiler de bicis. Sin duda uno de los mejores albergues de Kioto. Cuentan con otra sucursal junto a la estación de tren.
✉ 530 Asakuracho, Nakagyo-ku
☎ 746-3688

Direcciones
Dado que las direcciones en Japón son confusas y que muchas calles no tienen nombre, antes de ir al hotel es conveniente acceder a la web del establecimiento e imprimir el mapa para encontrarlo con facilidad.

🌐 www.piecehostel.com/sanjo/en/
🚉 Kawaramachi

Hotel Mystays Kyoto Shijo (M)
Hotel bien situado, no en pleno centro, pero a una distancia correcta para ir andando. Las habitaciones son modernas, bien acondicionadas y de un tamaño más que correcto por el precio.
✉ 52 Kasabokocho, Shimogyo-ku
☎ 283-3939
🌐 www.mystays.com/en-us/hotel-mystays-kyoto-shijo-kyoto/
🚉 Shijo

Osaka

Fraser Residence (M)
Funcional. Habitaciones amplias y cómodas. La sala donde se da el desayuno es un restaurante español de tapas.
✉ 1-17-11, Nambanaka, Naniwa-ku
☎ 6 6635 7111
🌐 https://osaka.frasershospitality.com/en
🚉 Namba

Remn Shin Osaka hotel (M)
Justo encima de la estación de tren Shin Osaka. Es una opción práctica para hacer escala en la ciudad y seguir con el via-

je a Tokio o a Hiroshima. Habitaciones pequeñas, pero cómodas.

- ✉ Estación de Tren de Shin Osaka
- ☎ 6 7668 0606
- 🖥 www-a.global.hankyu-hotel.com/remm-shinosaka/

Daiwa Roynet Osaka Shin Umeda (M)

Hotel con precios asequibles cerca de dos estaciones de metro y a apenas 10 minutos andando de la estación de Osaka. Las habitaciones son modernas y funcionales.

- ✉ 6-16-1 Fukushima
- ☎ 4797-6186
- 🖥 www.daiwaroynet.jp/shinumeda/
- Ⓜ Umeda

EL SUR DE JAPÓN

Hiroshima

Daiwa Roynet Hiroshima Ekimae (M)

Justo delante de la estación de tren. Este hotel moderno y con habitaciones más amplias de lo normal es ideal para viajeros que utilicen el tren para moverse por el país y con una muy buena comunicación con el centro de la ciudad. Sin duda una gran opción.

- ✉ 3-5-7 Futabanosato
- ☎ 554-1455
- 🖥 www.daiwaroynet.jp/hiroshima-ekimae/

We Base Hiroshima (E)

Situado en el centro de la ciudad, este albergue cuenta con habitaciones privadas y un gran dormitorio. Las habitaciones están limpias y muy bien diseñadas y cuenta con espacios comunes aunque es verdad que los espacios son pequeños. Buena relación calidad-precio.

- ✉ 4-16 Nakamachi, Naka-ku
- ☎ 248-8120
- 🖥 https://we-base.jp/hiroshima/

Sotetsu Fresa Hiroshima Station (E)

Hotel moderno con habitaciones pequeñas justo delante de la estación. Es perfecto para las personas que quieran alojarse cerca de la estación y tengan un presupuesto algo reducido sin querer renunciar al lujo de tener una habitación privada. No vale la pena pagar por el desayuno puesto que es frugal.

- ✉ 5-2 Enkobashicho
- ☎ 262-2031
- 🖥 https://sotetsu-hotels.com/fresa-inn/hiroshima-ekimae/

Matsuyama

Funaya (C)

Es la mejor opción en Matsuyama. Un *ryokan* a la antigua usanza, junto al Dogo Onsen, con un jardín interior, habitaciones cuidadas hasta el último detalle, un servicio perfecto y cenas deliciosas. Incluso el gran escritor Natsume Soseki venía a alojarse aquí en sus visitas a Matsuyama.

- ✉ 1-33 Dogoyunomachi
- ☎ 089-947-0278
- 🖥 www.dogo-funaya.co.jp

Hotel Vista Matsuyama (M)

Hotel moderno junto al castillo de Matsuyama y muy cerca del centro. Las habitaciones son algo pequeñas pero son muy cómodas.

- ✉ 3-3-5 Ichibancho
- ☎ 934-0202
- 🖥 https://matsuyama.hotel-vista.jp/en/

Takamatsu

Dormy Inn Takamatsu (M)

En pleno centro de Takamatsu. Las habitaciones amplias e incluso un *onsen* hacen de él una excelente opción por su buena relación calidad-precio.

- ✉ 1-10-10 Kawaramachi
- ☎ 832-5489
- 🖥 www.hotespa.net/hotels/takamatsu

We Base Takamatsu (E-M)

Hotel moderno con gran variedad de habitaciones, desde habitaciones minúsculas de apenas 9 m² hasta habitaciones deluxe mucho más grandes. Está situado en el centro de la ciudad. Cuenta con un lounge muy amplio para descansar o tomar un café mientras se utiliza el ordenador.

- ✉ 1-2-3 Kawaramachi
- ☎ 813-4411
- 🖥 https://we-base.jp/takamatsu/en/

Kagoshima

Solaria Nishitetsu Hotel Kagoshima (M)

Perfectamente situado justo delante de la estación de tren, y con vistas del volcán Sakurajima desde las habitaciones de los pisos superiores. Las habitaciones son algo pequeñas pero modernas y las camas anchas y cómodas.

- ✉ 11 Chouou-cho
- ☎ 99-210-5555
- 🖥 www.solaria-hotels.jp/kagoshima

Kagoshima Green Guest House (E)

Albergue situado cerca de la estación de ferrys con habitaciones correctas aunque pequeñas. El personal suple con su simpatía cualquier carencia que pueda tener el albergue.

- ✉ 5-7 Sumiyoshicho
- ☎ 99-802-4301
- 🖥 www.green-guesthouse.com/english.html

Kumamoto

Hotel Route-Inn Kumamoto Ekimae (M)

Lo mejor es su precio y su situación cerca de la estación, ideal para realizar excursiones por los alrededores. Las habitaciones, aunque algo anticuadas, están limpias y son amplias para este nivel de precios.

- ✉ 1-14-19, Kasuga
- ☎ 96-325-6511
- 🖰 www.route-inn.co.jp

Hotel Sunroute Kumamoto (M)

Cerca del castillo de Kumamoto y del centro de la ciudad. Las habitaciones tienen un tamaño correcto aunque el baño es realmente pequeño.

- ✉ 1-7-18 Shimotori
- ☎ 96-322-2211
- 🖰 www.sunroute-kumamoto.jp

Nagasaki

Casa Noda (E)

Moderno albergue a 5 minutos andando de la estación de tren. Hay dormitorios y habitaciones privadas. Tiene cocina, y una zona común muy agradable para conocer a otros viajeros.

- ✉ NS Building 3F, 6-1 Motofunamachi
- ☎ 095-800-2484
- 🖰 http://casanoda.jp

JR Kyushu Hotel Nagasaki (M)

Hotel propiedad de la compañía de trenes JR adyacente a la propia estación, muy cómodo si se llega en tren a la ciudad. Las habitaciones son algo pequeñas pero cómodas.

- ✉ 1-1 Onouemachi
- ☎ 832-8000
- 🖰 www.jrk-hotels.co.jp/ Nagasaki/en/

Naha (Okinawa)

Comfort Hotel Naha Prefectural Office (M)

Muy buen hotel de nivel medio con habitaciones nuevas y limpias, buen desayuno y bien situado cerca de la calle Kokusai.

- ✉ 1-3-11 Kumoji
- ☎ 98 941 7311
- 🖰 www.choicehotels.com

Sora House (E)

Pequeño albergue muy cerca de Kokusai, el centro de la ciudad, con un personal que se desvive por ayudar a los clientes. Té y café gratis, y habitaciones y dormitorios limpios y relucientes.

- ✉ 2-24-15 Kumoji
- ☎ 098-861-9939
- 🖰 www.mco.ne.jp

Yakushima

Sankara Hotel & Spa (C)

Un hotel paradisiaco que consta de varias villas de lujo decoradas con gusto y con vistas al mar. Situado en un lugar tranquilo ofrecen servicio de transporte hasta el hotel.

- ✉ 553 Haginoue, Mugio, Kumage-gun
- ☎ 997-47-3488
- 🖰 www.sankarahotel-spa. com/en

EL NORTE DE JAPÓN

HOKKAIDO

Hakodate

La Vista Hakodate Bay (C)

El mejor hotel de la ciudad. Las habitaciones están decoradas con mucho gusto. Hay *onsen, rotemburo,* y un desayuno delicioso. Si se dispone de presupuesto, esta es la mejor elección.

- ✉ 12-6 Toyokawacho
- ☎ 138-23-6111
- 🖰 www.hotespa.net/hotels/ lahakodate/

Loisir Hotel Hakodate (M)

Junto a la estación. Habitaciones amplias, aunque algo avejentadas. En los pisos superiores las vistas de la ciudad son estupendas.

- ✉ 14-10 Wakamatucho
- ☎ 138-22-0111
- 🖰 http://loisir-hakodate. com/en/

P.N. Daisetsuzan

Hotel Bearmonte (C)

Hotel con habitaciones elegantes, *onsen,* y justo delante del teleférico para subir al Asahi-dake. Es sin lugar a dudas la mejor opción en la pequeña población de Asahidake Onsen.

- ✉ Yukomanbetsu, Higashikawa
- ☎ 166-97-2321
- 🖰 www.bearmonte.jp/

Hoteles cápsulas

Aunque los hoteles cápsula no son una opción práctica para una estancia larga, sí pueden servir para pasar una noche y probar la experiencia, aunque los que padezcan claustrofobia deben abstenerse. El cliente duerme en una especie de nicho de 2 m de largo, 1 de ancho y 1 de alto donde hay una televisión, una lámpara de lectura, una radio y un despertador. Está prohibido que lo ocupen dos personas. El equipaje debe guardarse en unas taquillas y los baños son compartidos. Los hoteles cápsula son generalmente para hombres, pero en los últimos años algunos de ellos han abierto también zonas para mujeres, en pisos diferentes para asegurar la privacidad. Si te animas a probar una buena opción puede ser el **Capsule Inn Shimbashi** (http:// capsule-inn.com)

Hotel Route Inn Asahikawa Ekimae (M)

Típico hotel de negocios en Asahikawa, con habitaciones pequeñas pero correctas, aunque algo envejecidas. Perfecto para pasar la noche y dada su cercanía a la estación para realizar algunas excursiones.

✉ 6-39-1 Ichijodori
☎ 166-21-5011
🖥 www.route-inn.co.jp/7

P.N. Shiretoko

Hotel Grantia Shiretoko Shari-Ekimae (M)

Hotel nuevo, con habitaciones muy bien acondicionadas, *onsen* y *rotemburo* y un buen desayuno. Si se dispone de coche Shari es una muy buena opción para visitar el parque de Shiretoko.

✉ 16-10 Minatomachi, Shari-gun
☎ 152-22-1700
🖥 www.hotel-grantia.co.jp/shiretoko

Shiretoko Village (M)

Aunque algo alejado del centro de Utoro, este establecimiento constituye una buena opción para dormir en Utoro sin gastar mucho dinero. Cuenta con *onsen*, habitaciones con tatami de varios tamaños, y aparcamiento gratuito.

✉ 125 Utoro Nakajima, Shari-gun
☎ 152-24-2124
🖥 http://www.shiretoko-mura.jp/english/

Sapporo

Vista Hotel Sapporo Nakajima Koen (M)

Buen hotel de negocios con habitaciones muy nuevas y modernas, aunque como siempre pequeñas en este tipo de hoteles. Está justo al lado del metro.

✉ 4-5 Minami 9 Jo Nishi, Chuo-ku
☎ 011-552-2333
🖥 www.hotel-vista.jp/

Jr Tower Hotel Nikko Sapporo (C)

Es imposible batir la localización de este hotel, situado sobre la estación de Sapporo, con acceso perfecto para ir y volver desde el aeropuerto, hacer excursiones o ir al centro. Las habitaciones están en perfecto estado, con todo lo necesario. Se puede considerar que tiene una buena relación calidad-precio.

✉ 2-5 Kita 5 Jo Nishi, Chuo-ku
☎ 011-251-2222
🖥 www.jrhotels.co.jp

RISHIRI Y REBUN

Rishiri Fuji Kanko Hotel (C)

Junto al puerto de Oshidomari, este grandioso hotel ofrece habitaciones algo envejecidas pero amplias tanto de estilo occidental como japonés, y un relajante *onsen*.

✉ Minatomachi Oshidomari, Rishirifuji
☎ 163-82-1531
🖥 www15.plala.or.jp/fujikan

Hanashin (M)

Pequeño *ryokan* con habitaciones impolutas. Tienen *onsen* y servicio gratuito de transporte desde y hasta la estación de ferrys. Incluyen una cena deliciosa con comida típica de la isla.

✉ Kafukatsugaru-cho, Rebun-cho
☎ 163 86 1648
🖥 www16.plala.or.jp/hanasin

NORTE DE HONSHU

Kakunodate

Folkloro Kakunodate (M)

Este establecimiento se halla situado justo en la puerta de la estación que dispone de habitaciones amplias y cómodas, un buen desayuno y un personal afable.

✉ Nakasugazawa 14
☎ 187-53-2070
🖥 www.folkloro-kakunodate.com/en

Sendai

Hotel Metropolitan Sendai (C)

Constituye una opción muy recomendable debido sobre todo a su calidad. Se encuentra situado junto a la estación de ferrocarril regentado por la propia JR, con habitaciones perfectamente equipadas, camas cómodas y con la mejor situación para realizar las excursiones mencionadas en la guía dada su cercanía a dicha estación.

✉ 1-1-1 Chuo, Aoba-ku
☎ 22-302-3373
🖥 https://east-sendai.hotel-metropolitan.com/

Comfort Hotel Sendai West (M)

Hotel de negocios con habitaciones nuevas, muy limpias y con todo lo necesario para conseguir un buen descanso a precios imbatibles. Se encuentra a tan solo cinco minutos andando de la estación de ferrocarril, y se puede disfrutar de multitud de restaurantes en los alrededores.

✉ 3-5-11 Chuo, Aoba-ku
☎ 022-217-7112
🖥 www.choice-hotels.jp/

APA Hotel TKP Sendai Ekikita (E)

Hotel a cinco minutos de la estación de ferrocarril. Las habitaciones son modernas, pequeñas y con todo lo necesario para una estancia.

✉ 201-1 Nakakecho
☎ 22-742-3630
🖥 www.apahotel.com

Ir de compras

TOKIO

Artesanía

El mejor lugar para acudir en busca de *souvenirs* es al barrio de Asakusa, especialmente Nakamise-dori, la calle peatonal que lleva al templo Senso-ji. Las tiendas más recomendables:

Japan Traditional Crafts Aoyama Square
Tienda preciosa con gran cantidad de objetos de artesanía de gran calidad traídos de todos los rincones de Japón.
✉ Akasaka 8-1-22, Akasaka Oji Bldg 1F
🕐 Lun.-sáb. 11-19 h
🚇 Aoyama-itchome

Oriental Bazaar
Gran variedad de *souvenirs* y artesanía que van desde los típicos bolígrafos de recuerdo a bellos kimonos, todo a muy buenos precios.
✉ 5-9-13 Jingumae, Shibuya-ku
🕐 Vie.-mie. 10-19 h
🚇 Omotesando

Electrónica y fotografía

Los que quieran cualquier aparato electrónico deben dirigirse a Akihabara. La mayor tienda en Akihabara es **Yodobashi**, donde se puede encontrar cualquier aparato, todo lo que se desee en sus siete amplios pisos dedicados a la electrónica y la fotografía. En **Nishi-Shinjuku** también hay grandiosas sucursales de Yodobashi, Sakuraya Camera o Bic Camera. Además de todas estas localizaciones, se pueden encontrar tiendas de Yodobashi y Bic Camera distribuidas por todo Tokio.

Manga y anime

Los amantes del manga y el anime sabrán que el lugar al que acudir es **Akihabara**. Hay cientos de tiendas que venden todo tipo de productos relacionados.

Ropa y complementos

Si te gusta ir a la moda y marcar tendencia date una vuelta por **Harajuku** y compra algo en sus sofisticadas tiendas.

TAKAYAMA

Artesanía

Takayama es uno de los mejores sitios en el país para la artesanía, especialmente el trabajo en madera y los lacados. Hay multitud de pequeñas tiendas en el centro de la ciudad. Más barato son los *saru-bobo,* muñecos rojos que asemejan monos sin rostro que antiguamente las abuelas hacían para sus nietas.

MATSUMOTO

Artesanía

El producto típico son los *temari,* unas bolas bordadas muy coloridas, y las muñecas hechas a mano. Las dos calles que concentran más tiendas son **Nakamachi** y **Takasago**.

KANAZAWA

Kanko Bussankan
La mejor tienda de artesanía; cerca de Kenroku-en.
✉ Kenrokumachi-Kanazawashi 2-20
🕐 8-17 h

Qué comprar

Japón es un paraíso de las compras aunque los precios obviamente no son tan baratos como los de otros países asiáticos. Los dispositivos electrónicos y cámaras fotográficas son la compra más común. Algunos de los dispositivos que suponen un buen ahorro y pueden usarse en España son auriculares, cámaras, equipos de música… Se debe vigilar que los menús del dispositivo estén en inglés y asegurarnos que funcionarán en nuestro país.

Hay multitud de objetos tradicionales en los que vale la pena fijarse, aunque a veces son caros porque están realizados a mano con las mejores materias primas. Algunos ejemplos son los *kasa,* los típicos paraguas japoneses que pueden ser de papel, algodón o seda; las espadas japonesas o katana, las muñecas japonesas o *ningyo,* los objetos lacados o *shikki,* los estandartes en forma de carpa o *koinobori,* y el papel japonés o *washi.* Los kimonos pueden ser un buen recuerdo: lo mejor es comprarlos a medida, pero si no se tiene dinero también se puede comprar hechos. Japón cuenta con dulces y galletas típicas en casi cada ciudad, normalmente presentadas con mucho encanto, por lo que pueden suponer un buen regalo por poco dinero.

KIOTO

Artesanía

Hay varias zonas donde se puede acudir en busca de artesanía y *souvenirs*. La zona de **Gion**, como corazón tradicional de Kioto, está llena de tiendas de recuerdos y talleres. Otra zona que conviene explorar es el conjunto de callejuelas en el centro de Kioto en la parte trasera de **Teramachi-dori**. El tramo de Teramachi-dori al norte de Oike-dori también tiene una buena selección de tiendas con todo tipo de objetos tradicionales. Finalmente, **Kiyomizu-michi**, la calle que lleva al Templo Kiyomizu-dera, y las cercanas **Ninen-zaka** y **Sannen-zaka**, cuentan con bastantes tiendas de *souvenirs* siempre llenas de turistas japoneses.

Kyoto Craft Center
Este centro cerca del parque Maruyama-koen ofrecen una amplia selección de artesanía y souvenirs.
✉ Shijo-dori-Higashioji, Higashiyama-ku
🕐 Todos los días de 10-19 h
🚉 Keihan Shijo

Centro Textil Nishijin
Gran cantidad de kimonos, obi, y cualquier tejido japonés que se desee.
✉ Horikawa-Imadegawa, Kamigyo-ku
🕐 https://nishijin.or.jp/
🕐 de 10 h a 16 h
🚉 Imadegawa

Mercados

Hay varios mercados que se celebran un día al mes.

Mercado de Tenjin-san
✉ Kitano Tenman-gu, Kamigyo-ku
🕐 el 25 de cada mes
🚌 50, 101

Mercado de Kobo-san
✉ To-ji, Minami-ku
🕐 el primer domingo y el día 21 de cada mes
🚉 Kioto Station

OSAKA

Ropa de segunda mano

En el barrio de **Americamura** abundan los mercadillos donde los amantes de las tendencias encuentran lo que buscan.
🚉 Namba

Tiendas tradicionales y grandes almacenes

Shinsaibashi Suji está considerada como una de las mecas de las compras en Osaka. En sus tiendas y en sus centros comerciales, como **Daimaru** y **Par-**

co, es difícil no dar con lo que se quiere.
🕐 www.shinsaibashi.or.jp
🚉 Shinsaibashi

Mercados

Mercado Kuromon o "la cocina de Osaka", como también se le conoce. En sus puestos se venden verduras, frutas, pescados y todo tipo de alimentos.
🚉 Namba

Réplicas

Sennichimae Doguya-Suji es una calle copada de restaurantes, cafés y tiendas en las que se venden las famosas réplicas de platos que lucen muchos restaurantes japoneses fuera del local. Son un recuerdo muy divertido y original.
🕐 www.doguyasuji.or.jp/ (sólo en japonés)
🚉 Namba

Electrónica

Den-Den Town es la zona para comprar tecnología: audio, video, ordenadores de mesa y portátiles, cámaras de fotografías, etc. No falta de nada en sus más de trescientas tiendas.
🚉 Ebisucho

HIROSHIMA

Souvenirs

El mejor lugar es la isla de **Miyajima** donde hay tiendas que venden productos de todo tipo, aunque de baja calidad.

NAGASAKI

Artesanía

El mejor lugar para ir de compras de todo tipo es la galería comercial **Hamano-machi.**

OKINAWA

Artesanía

Las calles comerciales más importantes de Naha son **Kokusai** y **Heiwa-dori.**

SAPPORO

Artesanía

El mejor lugar para ir de compras es **Tanukikoji.** La zona de **Odori** también es una buena opción.

KAKUNODATE

Artesanía

Kakunodate es famosa por los productos realizados con corteza de cerezo.

Podemos adquirir estos en las muchas tiendas que hay en el **barrio de los samuráis.**

SENDAI

Shimanuki Honten

Uno de los productos más recomendables que podemos adquirir de artesanía de la región de Miyagi, son las **kokeshi,** muñecas japonesas de madera.

⊠ 3-1-17 Ichibancho, Aoba-ku

Ir con niños

TOKIO

Jardín Zoológico de Ueno

Aunque el Zoo es pequeño hay multitud de animales que seguro divertirán durante un buen rato a los niños.

⊠ 9-83 Ueno Koen, Taito-ku
🕐 Mar-dom. 9.30-17 h
Ⓜ Ueno
💴 600 ¥

Parque de atracciones de Hanayashiki

El parque abrió sus puertas por primera vez en 1853, y cuenta con algunas de las atracciones más antiguas de Japón, como su montaña rusa, que fue la primera en inaugurarse en Japón.

⊠ 2-28-1 Asakusa, Taito-ku
🕐 Mie.-lun. 10-18 h
Ⓜ Asakusa
💴 adultos 1.200 ¥, niños 600 ¥

Parque de atracciones Tokyo Dome

Una gran variedad de atracciones harán las delicias de los más pequeños, pero también de los que busquen emociones fuertes.

⊠ 1-3-61 Koraku, Bunkyo-ku
🕐 Jun.-ago. 10-21 h, hasta las 20 h el resto del año
Ⓜ Korakuen
💴 4.200 ¥, niños 1.800-2.800 ¥

Joypolis de Sega

Dos pisos llenos de simuladores y juegos de realidad virtual, algunos tan emocionantes como los de *snowboard.*

⊠ Decks Tokyo, piso 3º, 1-6-1 Daiba, Minato-ku
🌐 https://tokyo-joypolis. com/language/english
🕐 10-22 h
Ⓜ Odaiba Kaihin Koen
💴 5.000 ¥, niños: 4.000 ¥

Miraikan

Este moderno museo de ciencias emergentes del siglo XXI resulta muy divertido para los niños gracias a sus exposiciones interactivas que permiten tocar todo.

⊠ 2-41 Aom, Koto-ku
🌐 www.miraikan.jst.go.jp
🕐 Mie.-lun. 10-17 h
Ⓜ Funeno-Kagakukan
💴 620 ¥, niños 210 ¥

Museo Ghibli

Aunque este museo es aconsejable para todos los públicos son los niños los que más disfrutan en el universo mágico de Miyazaki Hayao.

⊠ 1-1-83 Shimo-Renjaku, Mitaka-shi
🌐 www.ghibli-museum.jp
🕐 Mié.-lun. 10-18 h
Ⓜ Mitaka
💴 1.000 ¥, niños: 400 ¥
Es necesario comprar las entradas con antelación.

Disneyland y DisneySea

Estos dos gigantescos parques harán las delicias de los niños y mayores.

⊠ 1-1 Maihama, Urayasu-shi, Chiba
Ⓜ varía. ⊠ Maihama
💴 adultos: 7.900-10.900 ¥: de 12-17 años: 6.600-9.000 ¥; niños de 4-11 años: 4.700-5.600 ¥

KIOTO

Toei Movie Land

Reproducción de una ciudad del periodo Edo con actores haciendo de samuráis, geishas, y atracciones.

⊠ Toei Uzumasa Eigamura; Higashi Hachigaoka-cho Uzumasa, Ukyo-ku

Todo para ellos

Japón es un país perfecto para viajar con niños. Los japoneses prestan una gran atención a sus hijos y hay gran cantidad de tiendas y lugares dedicados a ellos. Aquí solo mencionamos algunos, pero es seguro que durante su estancia en Japón encontrarán otros muchos.

✉ www.toei-eigamura.com
🕐 9-17 h. 🚊 Uzumasa
💶 2.400 ¥, niños: 1.400 ¥

Parque de los monos Iwatayama
Cientos de monos campando a sus anchas en esta montaña. Aunque la subida es algo cansada, es divertido ver a los monos en libertad.
✉ Togetsu-kyo Arashiyama
🕐 9-17 h, cierra los días muy lluviosos y con nevadas
🚊 Saga Arashiyama.
💶 550 ¥

Ninja Dojo
Aquí se imparten clases para llegar a ser un verdadero ninja, desde cómo moverse de manera sigilosa y en la oscuridad, hasta tácticas desaparición, etc.
✉ 2F 528 Hakurakuten-cho, Kyoto. 🕐 10-18 h
🚊 Shijo-Karasuma
🌐 http://ninjadojoandstore.com

OSAKA

Acuario de Osaka Kaiyukan
Uno de los acuarios más grandes del mundo y cuyo gran reclamo son dos gigantescos tiburones ballena.
✉ 1-1-10 Kaigan-dori, Minato-ku, Osaka
🌐 www.kaiyukan.com
🕐 10-20 h. 🚊 Osakako
💶 2.700 ¥, niños 1.400 ¥

Universal Studios Japan
Los que no haya podido ir a Disneyland o echen de menos los grandes parques temáticos deben dirigirse al Universal Studios.

✉ 2-1-33 Sakurajima, Konohana-ku, Osaka
🕐 9-21 h, cambia durante el año. 🚊 Universal City
💶 adultos: 8.600 ¥; niños: 5.600 ¥

NAGOYA

Ghibli Park
Aunque en esta guía no se hable de Nagoya, los fans de los estudios Ghibli no deben desaprovechar la oportunidad de venir a visitar el gran proyecto de Ghibli inaugurado en 2022. Este parque temático permite visitar la reproducción de muchos lugares de sus películas como la casa de Mei de "Mi vecino Totoro" o el pueblo de "La Princesa Mononoke" entre otros.
✉ Expo 2005 Aichi Conmemorative Park
🌐 https://ghibli-park.jp/
💶 entre 1.000 ¥ y 2.500 ¥, pero está previsto hacer una entrada única. Se debe comprar con antelación en Lawson Ticket.

KAGOSHIMA

Kagoshima City Aquarium
Todo tipo de peces de la zona, y además espectáculos realizados por delfines.
✉ 3-1 Hon Minato Shinmachi
🌐 www.ioworld.jp
🕐 9-17 h
💶 1.500 ¥, niños 750 ¥

NAGASAKI

Huis Ten Bosch
Parque temático acerca de Holanda. Hay multitud de atracciones.
✉ 1-1 Huis Ten Bosch Machi, Sasebo. A 1 hora de Nagasaki en bus
🌐 https://english. huistenbosch.co.jp/
🕐 10-20 h, varía durante el año
💶 7.000 ¥, niños: 4.600 ¥

OKINAWA

Playas
Hay multitud de ellas en la isla principal y en las otras islas mencionadas en la guía, por lo que la única dificultad estará en la elección.

Acuario de Okinawa
El acuario más grande de Japón y uno de los más importantes del mundo, con un grandioso tanque con tiburones ballena.
✉ 424 Ishikawa, Motobu, Kunigami District
🕐 8.30-20 h
💶 2.180 ¥, niños: 710 ¥

SAPPORO

Pistas de esquí
En todas las pistas en los alrededores de Sapporo hay posibilidad de que los niños esquíen en las más fáciles o den clases para ellos. **Niseko** es la más famosa y grande, pero **Sapporo Teine**, aunque no del mismo nivel, es ideal para los niños por su facilidad y está a tan solo 15 minutos.

ASAHIKAWA

Asahiyama Dobutsukan
Este Zoo es famoso en todo el país por su cantidad de animales de clima frío, como osos polares, pingüinos... en un entorno muy cuidado.
✉ Higashiasahikawacho Kuranuma
🚌 41, 42 y 47
🕐 9.30-17.15 h. 💶 1.000 ¥

SENDAI

Museo para niños de Anpanman
Museo diseñado para los niños con el personaje de dibujos Anpanman como protagonista.
✉ 145 Teppocho, Miyagino-ku, Sendai
🌐 www.museum. anpanman-acn.co.jp
🕐 10-17 h. 💶 2.000 ¥

Dónde divertirse

BARES Y DISCOTECAS

Tokio

Propaganda
Muy de moda entre los extranjeros, de ambiente desenfadado, sin pago de entrada y con copas baratas especialmente durante los *happy-hour*.
- ✉ Ed. Yua Roppongi, piso 2º, 3-14-19 Roppongi, Minato-ku
- Ⓜ Roppongi

OAK
Discoteca muy popular entre gente famosa y de alto nivel económico. Hay muchas mesas para reservar, y poco sitio para bailar, pero es un sitio ideal para ver y ser visto.
- ✉ 5-10-25 Roppongi
- Ⓜ Roppongi

V2 Tokyo
La discoteca más grande de Roppongi, es un local lleno de glamour ideal para

Zonas para salir

En Tokio, **Roppongi** es la zona donde todo visitante se dirige si quiere disfrutar de la noche, aunque son muchos los japoneses o extranjeros residentes en Tokio que la critican por su ambiente poco japonés. Otros barrios recomendables para salir de noche son **Shibuya**, **Dankaiyama** y **Shimo-Kitazawa**. En Kioto lo mejor es dirigirse a **Kiyamachi-dori**, la calle con un canal paralela a Kawaramachi, y las estrechas callejuelas adyacentes.

bailar al son de la música electrónica.
- ✉ Ed. Tower of Vabel, 7-13-7 Roppongi
- Ⓜ Roppongi

Aoyama Hachi
Distribuido en cuatro pisos esta pequeña discoteca de estilo underground es un lugar ideal para todo tipo de clientela con música que va desde el *house*, al *hip-hop* pasando por el *rock*.
- ✉ Piso 2-4, Ed. Aoyama, 4-5-9 Shibuya
- Ⓜ Shibuya

Womb
Una de las mejores discotecas de Tokio, con cuatro pisos dedicados al *house*, *drum'n bass*, y *techno*, además de actuaciones de DJ's internacionales.
- ✉ 2-16 Maruyamacho, Shibuya-ku
- Ⓜ Shibuya

Club Asia
Una popular discoteca con varios bares y pistas de bailes en su interior dedicado a la música electrónica.
- ✉ 1-8 Maruyamacho, Shibuya-ku
- Ⓜ Shibuya

New York Bar
En el piso 52 del Park Hyatt y convertido en lugar de peregrinación gracias a la película *Lost in Translation*, la clientela es distinguida, los cócteles deliciosos, las vistas sublimes y la música de jazz en directo perfecta.
- ✉ Park Hyatt Hotel, 3-7-1-2 Nishi-Shinjuku, Shinjuku-ku
- Ⓜ Shinjuku

Kioto

Underbar
Uno de los bares más coloridos de Kioto, con gran cantidad de luces de neón,

pinturas de todo tipo y sobre todo grandes cantidades de diversión, especialmente los fines de semana.
- ✉ Ed. Sano, 267 Kitakurumayacho
- Ⓜ Kawaramachi

Ing Bar
Bar muy popular tanto entre los locales como los extranjeros gracias a la buena música, las bebidas baratas y el ambiente acogedor.
- ✉ Ed. Royal, piso 2º, Nishikiyamachi-dori-Takoyakushi
- Ⓜ Keihan Sanjo

World
La discoteca más famosa de Kioto con una gran pista de baile y una música variada que va desde la salsa al techno.
- ✉ Nishikiyamachi-dori-Shijo agaru
- Ⓜ Hankyu Kawaramachi

Metro
Una discoteca con actuaciones en vivo y que no sigue una línea definida en cuanto a música, que puede ser de cualquier tipo dependiendo de la semana.
- ✉ Kawabato-dori-Marutamachi kudaru
- Ⓜ Keihan Marutamachi

Osaka

Fandango
Local de música en vivo, especialmente música rock y alternativa, con un ambiente desenfadado.
- ✉ 1-17-27 Juso-honmachi Yodogawa-ku
- Ⓜ Hankyu Juso

Club Picadilly
Situado en la zona de Umeda, esta discoteca es la más grande de Osaka. Cuenta con dos pisos, el superior dedicado para zonas VIP. Hay una buena

Vida nocturna

Los japoneses a pesar de que en los últimos años han abrazado el estilo occidental de salir siguen prefiriendo las clásicas *izakayas* para ir a beber y terminar la fiesta en un karaoke cantando borrachos junto a sus amigos, por lo que si se tienen amigos locales es mejor unirse a ellos y experimentar la fiesta al estilo japonés. Por supuesto que los bares y discotecas de las grandes ciudades están llenas a rebosar los fines de semana, y los que tengan ganas de bailar y beber tendrán multitud de oportunidades. Por el contrario las ciudades de provincias apenas tienen ambiente nocturno más allá de los karaokes y las *izakayas* y algún que otro bar. La escena nocturna en Tokio y otras ciudades cambia continuamente y las aperturas y los cierres están a la orden del día, por lo que es interesante consultar las últimas novedades en páginas como www.clubberia.com o www.metropolis.co.jp. También se puede echar un ojo a la revista *Time Out* (www.timeout.com).

mezcla de clientela extranjera y local.

✉ 8-17 Taijuyicho, Kita-ku
🚇 Umeda

Hiroshima

Mac Bar
Situado en pleno centro de Hiroshima, aunque un poco escondido, cuenta con una gran selección de música, bebidas baratas y un personal muy amable.

✉ 3-3-4 Tatemachi

Takamatsu

Cancun
Bar temático mexicano con un ambiente agradable y bebidas a buen precio.

✉ 6-23 Furubaba-cho

Kagoshima

Duckbill
Popular discoteca en el corazón del barrio de Tenmonkan, donde se encuentra toda la acción nocturna. Buen ambiente, DJ's invitados, y bebidas a buen precio.

✉ Ed. Diamond B1F, 11-7 Yamanokuchi

Kumamoto

Jeff's World Bar
Es uno de los bares más veteranos en la noche de la ciudad. Buen lugar para tomar unas copas, o terminar la fiesta.

✉ 4-3-1 Shimotori

Shark Attack
Bar de estilo surfero no muy grande, con bebidas a buen precio y ambiente desenfadado.

✉ 8º piso, TM-Ed. 11, 6-3 Anseimachi

Nagasaki

Ayer's Rock
Pequeño local para tomar una copa o bailar. Es popular, por lo que los fines de semana acostumbra a estar muy lleno.

✉ Ed. Hananoki 3er piso, 6-13 Yorozuya-machi

Music Inn JJ
Uno de los mejores locales de música en vivo en Nagasaki con bandas locales y un ambiente relajado.

✉ Ed. Shianbashi 5º piso, 1-14 Aburaya-machi

Okinawa

Rehab
Situado en la calle Kokusai, la más animada de todo Naha, este pequeño bar tiene una buena selección de cervezas y una buena mezcla de extranjeros y locales.

✉ 3er piso, 2-4-14 Makishi

Black Harlem
El propietario es un enamorado de la música soul y cuenta con una extensa colección que dotan al local de un aire relajado.

✉ 6º piso Ed. Cosmo, 2-7-22 Makishi

Sapporo

350 Bar
Su nombre hace referencia al precio de las bebidas, y dado su bajo precio es normal que la clientela sea eminentemente joven.

✉ Minami 4 Nishi 3 Chuo-ku

Rad Brothers
Bar con un personal muy simpático que habla inglés y una pequeña pista de baile.

✉ Mituswa Bldg 1F, Minami 7, Nishi 3

D Mode
Discoteca desenfadada y popular donde es habitual que haya Dj extranjeros de visita pinchando todo tipo de música.

✉ 5º piso Ed. Art, Minami 6 Higashi 6, Chuo-ku

Sendai

Club Shaft
✉ 2 Chome-10-11 Kokubuncho

Famosa discoteca en pleno centro del barrio de ocio nocturno de Sendai, aunque también hay lugar para tomar algo e incluso ver acontecimientos deportivos.

Festivales

Los *matsuri* o festivales son de los pocos momentos en que los japoneses se desinhiben. Hay multitud de festivales, muchos cambian de fecha de un año a otro por lo que conviene consultar en internet. La web del JNTO www.turismo-japon.es recoge los más importantes.

Enero

Ceremonia de paso a la edad adulta. Se celebra en todo Japón.

Febrero

Festival de la Nieve de Sapporo, segunda semana de febrero. Estatuas realizadas con nieve y hielo.

Abril

Miyako Odori o Danza de los Cerezos, en Kioto, del 1 al 30 de abril. Las chicas aprenden el arte de las geishas.
Kamakura Matsuri, segundo o tercer domingo. Desfiles de santuarios portátiles, y tiro con arco.
Takayama Matsuri, el 14 y 15. Desfile de históricas carrozas por la ciudad.

Mayo

Aoi Matsuri en Kioto, el día 15. Una procesión de carros y gente vestida de manera tradicional que salen del Palacio Imperial.
Kanda Matsuri en Tokio, cada dos años, en el Santuario Kanda Miojin.
Sanja Matsuri, el tercer fin de semana, el festival más importante en Tokio, en el Santuario de Asakusa.

Junio

Festival Otave. De manera simbólica se cultiva el arroz en las plantaciones.

Sanno Matsuri en Tokio, entre el 9 y el 16. El tercero de los grandes festivales, en el Templo Hie.

Julio

Miyajima Kangensai en Hiroshima. Festival musical en el santuario de Itsukushima.
Gion Matsuri. Es el más importante de Kioto con santuarios portátiles, vestidos tradicionales, y música.
Tenjin Matsuri en Osaka, el 24 y 25. Uno de los mayores festivales de Japón con multitudinarios desfiles.

Agosto

Yamago Toro Matsuri. Festival de los farolillos.
Tanabata Matsuri en Sendai, del 6 al 8. Festival nacional, pero el más famoso es en Sendai.
Nebuta Matsuri en Aomori, del 2 al 7. El mayor festival del norte de Japón con grandes desfiles nocturnos.
Domannaka Matsuri en Nagoya, a finales de mes. Miles de personas bailando.
Sanuki Takamatsu Festival, del 12 al 14. Baile y fuegos artificiales.

Septiembre

Kakunodate Matsuri, del 7 al 9. Grandes carrozas que luchan entre ellas.
Kishiwada Danjiri Matsuri, cerca de Osaka, 15 y 16. Desfile de carrozas.

Octubre

Nagasaki Kunchi Matsuri, del 7 al 9. Desfiles con barcos en forma de dragones.
Takayama Matsuri, el 9 y 10. Desfile de carrozas.
Shuki Taisai en Nikko, el 17. Grandioso desfile de más de 1.000 samuráis.

Noviembre

Sichi-go-san. En todo Japón. Los niños visitan los santuarios a rogar a los dioses.
Tori-no-Ichi o la fiesta del Rastrillo. Se celebra en el santuario Otori.

Diciembre

Festival On-matsuri en Nara. Desfile de personajes del pasado.
Okera Mairi. En el santuario Yasaka de Kioto.
Hagoita-ichi o fiesta de las Raquetas, en el templo de Asakusa Kannon, en Tokio.

Los festivales de las geishas

Cada *hanamachi* o distrito de geishas celebra una vez al año un festival en donde se puede ver la ceremonia del té o actuaciones en teatro. El distrito Gion Kobu celebra el *Miyako Odori* en abril, en el teatro Gion Kobu Kaburenjo. El de Miyagawacho celebra el *Kyo Odori* las dos primeras semanas de abril en el teatro Miyagawacho Kaburenjo. El de Kamishichiken celebra el *Kitano Odori* en el teatro Kamishichiken Kaburenjo entre el 15 y el 25 de abril. El de Pontocho celebra el *Kamogawa Odori* entre el 1 y el 24 de mayo en el teatro Pontocho Kaburenjo. El de Gion Ogashi celebra el *Gion Odori* en el teatro Gion Kaikan entre el 3 y el 12 de noviembre. Entradas: entre 2.000 ¥ y 3.800 ¥.

Información práctica

Direcciones útiles

Embajada de Japón en España

✉ Serrano 109, 28006 Madrid

☎ 91 590 76 00

🖥 www.es.emb-japon.go.jp

Embajada de España en Japón

✉ 1-3-29 Roppongi, Minato-ku, Tokio 106

☎ +33 3583 8531

🖥 emb.tokio@maec.es

Oficina Nacional de Turismo de Japón (JNTO)

✉ Carrera de San Jerónimo, 15 3ºC, 28014 Madrid

☎ +34 91 077 00 70.

🕐 Lunes a viernes, 11-13.30 h y 15.30-17.30

🖥 www.japan.travel/es/es

Turismo de Tokio

🖥 www.gotokyo.org/es

Teléfonos útiles

Policía

☎ 110

Bomberos y Ambulancia

☎ 119

Japan Visitor Hotline

☎ 050-3816-2787 (para emergencias de todo tipo e información turística)

ANTES DE PARTIR

Qué llevar

– Pasaporte en vigor.

– No se necesita visado.

– Billete de ida y vuelta. En teoría obligatorio, aunque no acostumbra a pedirlo.

– Vacunaciones: No obligatorias.

– Seguro de Viaje: Recomendable.

– Permiso de conducción (nacional e internacional): Obligatorio si se va a conducir en el país. Se conduce por la izquierda.

Cuándo ir

La mejor época para ir son los meses de primavera (abril, mayo, hasta mediados de junio) y especialmente otoño: septiembre, octubre, y noviembre.

Los meses de verano (junio, julio y agosto) son extremadamente calurosos y húmedos y llueve mucho entre junio y julio. En el norte las temperaturas son más agradables.

Los meses de invierno (diciembre, enero, febrero y marzo) son muy fríos, especialmente en el interior y en el norte, con mucha nieve.

DURANTE LA ESTANCIA

Llegar por avión

Tokio dispone de dos aeropuertos: **Narita** y **Haneda**. El primero está lejos de la ciudad y aunque anteriormente fue el que recibía más vuelos internacionales, hoy en día Haneda recibe más vuelos y es más práctico gracias a su cercanía a la ciudad. Si se puede escoger es mejor llegar a Haneda que a Narita, tanto por tiempo empleado como por el coste del transporte. Las otras dos principales puertas de entrada son los aeropuertos de **Kansai** (Osaka y Kioto) y el de **Chubu** (Nagoya).

- Aeropuerto de Narita

Distancia al centro: 65 km. Duración del trayecto: tren (60-90 minutos), autobús (90-120 minutos), taxi (70-90 minutos).

- Aeropuerto de Kansai

Distancia al centro de Kioto: 90 km. Duración del trayecto a Kioto: tren (75 minutos), autobús (90-120 minutos), taxi (90-120 minutos).

- Aeropuerto de Haneda

Distancia al centro 10 km. Duración del trayecto: tren (15 min), autobús (20-30 min), taxi (20-25 min).

Moneda

La unidad monetaria de Japón es el **yen** (¥), aunque los japoneses lo pronuncian ["en"]. Hay billetes de 10.000, 5.000, 2.000 y 1.000 ¥; monedas de 500, 100, 50, 10, 5 y 1 ¥. El cambio puede fluctuar. Actualmente es de 1 € = 130 ¥.

El uso de la **tarjeta de crédito** se ha extendido en estos últimos años, y en la mayoría de hoteles y tiendas, y en los restaurantes más grandes se puede pagar sin problema. No todos los cajeros aceptan las tarjetas extranjeras, es mejor apostar por los cajeros de Citibank, Japan Post Bank, Seven Eleven y Family Mart.

Hora oficial

(GMT +9) Japón tiene 9 horas de adelanto sobre Greenwich, o sea 8 horas más que España. Al contrario de nuestro país, Japón no tiene horario de verano, por lo que durante esa estación Japón tiene 7 horas más que España.

Aduanas
Permitido
400 cigarrillos, 100 cigarros, máximo de 500 gramos de tabaco, 3 botellas de 0,75 litros de alcohol, regalos y objetos hasta un valor de 200.000 ¥.
No permitido
Drogas, armas de fuego, munición, explosivos, material pornográfico y animales sin documentos.

Fiestas nacionales
1 enero: Año Nuevo.
Segundo lunes de enero: Día de la mayoría de edad.
11 febrero: Día de la Fundación de Japón.
23 febrero: Cumpleaños del emperador.
21 marzo: Equinoccio de Primavera.
29 abril: Día del Emperador Showa.
3 mayo: Día de la Constitución.
4 mayo: Día Verde.
5 mayo: Día de los Niños.
Tercer lunes de julio: Día del Océano.
11 agosto: Día de la Montaña.
Tercer lunes de septiembre: Día del Respeto a los Ancianos.
23 septiembre: Equinoccio de Otoño.
Segundo lunes de octubre: Día de los Deportes.
3 noviembre: Día de la Cultura.
23 noviembre: Fiesta del Trabajo.

Horarios
El cuadro horario es indicativo. Hay **supermercados** y tiendas de conveniencia abiertas las 24 horas. Las

Horarios comerciales

Tiendas
🕐 10-20 h
Oficinas
🕐 9 h-17 h
Bancos
🕐 9-15 h
Correos
🕐 9-17 h
Museos:
🕐 9-17 h
Restaurantes:
🕐 11-14 h/ 18-23 h

▌ Oficinas de Turismo

Hay Oficinas de Turismo en todas las ciudades de Japón, con gran cantidad de información en inglés y mapas que son muy útiles antes de visitar cualquier ciudad. Siempre hay una en la estación de tren. También hay Oficinas de Turismo en el centro de las ciudades. Aquí mencionamos las principales en Tokio y Kioto, y además hay oficinas tanto en Haneda como en Narita.

Centro de Información Turística de Tokio

- ✉ Edificio del Gobierno Metropolitano de Tokio, edificio 1, piso 1º, 2-8-1 Nishi Shinjuku, Shinjuku-ku
- ☎ 5321-3077
- 🖥 www.gotokyo.org/es/
- 🕘 9.30-18.30 h

Además en Tokio hay otros puntos de información turística en el **aeropuerto de Haneda**, en **Ueno**, **Tama** y en la **estación de autobuses de Shinjuku**.

Centro de Información Turística de la Ciudad de Kioto

- ✉ Estación de Kioto
- ☎ 343 6655
- 🕘 8.30-19 h
- 🖥 www.pref.kyoto.jp/visitkyoto/en/

Osaka Convention & Tourism Bureau

- ✉ 5F Resona Semba Bldg, 4-4-21, Minamisemba, Chuo-ku
- ☎ 6 6282 5908
- 🖥 www.osaka-info.jp

grandes superficies, cadenas y **centros comerciales** abren cada día, y las tiendas más pequeñas acostumbran a cerrar un día a la semana, aunque no tiene por qué ser el domingo.

Los **bancos** y las oficinas están abiertos de lunes a viernes. Los horarios de las oficinas de **Correos** varían según su importancia, y aunque suelen cerrar el fin de semana, algunas permanecen abiertas los sábados. Los **museos** y monumentos tienen horarios muy variados, pero la mayoría cierra los lunes.

▌ Transportes públicos

Vuelos Internos. Aunque hay muy buenas conexiones aéreas entre las principales ciudades de Japón, el tren es mucho más práctico. Las compañías más económicas para moverse por el interior de Japón son *Peach* (www.flypeach.com) y *Jet Star* (www.jetstar.com), donde se pueden encontrar billetes entre Tokio y Osaka por tan solo 5.000 ¥ si se compran con antelación.

Trenes. La red ferroviaria japonesa es una de las más modernas y eficientes del mundo, por lo que es la mejor opción para moverse por el país. En la web de *Japan Railway* (www.japanrail.com) hay abundante información sobre las tarifas y destinos cubiertos. Es muy recomendable comprar un **Japan Rail Pass** (www.japan-rail-pass.es), un pase que permite coger todos los trenes, incluidos los famosos trenes bala o shinkansen, que se deseen por un tiempo determinado (7, 14 o 21 días) por una tarifa plana, y que sale mucho más a cuenta que ir comprando billetes por separado.

Además del Japan Rail Pass, hay otros pases regionales que pueden ser interesantes si se pretende viajar tan solo por una zona extensamente, como el Kansai Hiroshima Pass, el JR Hokkaido pass o el Kyushu Rail Pass entre muchos otros. Algunos se pueden comprar una vez en el país y otros deben comprarse con antelación. La página Japan Guide cuenta con una buena explicación de todos ellos: www.japan-guide.com/e/e2357.html

Autobuses. Aunque los autobuses no sean tan rápidos ni tan cómodos como el tren, sí que resultan el transporte más económico, aunque si se dispone del Japan Rail Pass sigue siendo más barato coger el tren. Para realizar algunas excursiones son a veces la única opción.

Autobuses urbanos. Las ciudades japonesas tienen una extensa red de autobuses que llega a la mayoría de lugares de la ciudad. Por norma general son difíciles de utilizar pues todo está escrito en japonés.

Son especialmente útiles en Kioto, donde la ciudad ha hecho un esfuerzo para adaptarlos a los turistas extranjeros. Es recomendable pedir un mapa de buses en la oficina de Turismo de Kioto. En Tokio y Kioto hay también autobuses turísticos que recorren las principales atracciones y que son una buena manera de tener un primer contacto con la ciudad.

Metro. Tokio y Osaka tienen extensas redes de metro, y Kioto en menor medida. Esta es la forma más rápida, fácil y cómoda de moverse por la ciudad. Es recomendable comprar una tarjeta electrónica **Suica** o **Pasmo** en Tokio que sirve para todos los transportes y se puede ir recargando.

Taxis. Los taxis son muy caros en Japón. Las tarifas son parecidas en todo el país, alrededor de 710 ¥ por la bajada de bandera y los dos primeros kilómetros, y 300 ¥ el kilómetro, aunque Tokio es algo más caro. Dado que la mayoría de ellos no hablan inglés es conveniente llevar el destino escrito en japonés.

Para **alquilar un coche** es necesario presentar el permiso de conducir habitual junto al permiso de conducir internacional, que se expide en las jefaturas de tráfico y tiene un año de validez. El alquiler puede ser práctico para recorrer zonas de montaña del interior, o en el norte del país donde la red ferroviaria es menos extensa.

Conducir en Japón solo presenta la dificultad de que se circula por la izquierda, puesto que la gente conduce de manera tranquila y respetando las normas de circulación. Las principales compañías son *Toyota Rentacar* (https://rent.toyota.co.jp/en), *Nippon Rentacar* (www.nipponrentacar.co.jp/english), especialmente esta última puesto que tiene la página muy adaptada para reservas en inglés.

Aerolíneas

Turkish Airlines (www.turkishairlines.com) vuela desde Madrid y Barcelona vía Estambul a Tokio. La compañía turca ofrece a los pasajeros una oferta gastronómica de altura gracias a su chef a bordo, al que dan ganas de retratar, y una variada selección de opciones de entretenimiento que hacen de este vuelo tan largo un viaje sabroso y ameno. Es cómodo ya que el espacio entre asientos es amplio.

El resto de aerolíneas que vuelan a Japón desde Madrid y Barcelona son:

Iberia, vuelo directo a Tokio.

ANA y Japan Airlines, vuelan a Tokio, y desde la capital japonesa al resto del país.

Emirates, KLM y **Air France**, vía Dubái, Ámsterdam y París, vuelan a Tokio y Osaka.

Finnair, vía Helsinki, vuela a Tokio.

Conducir

Velocidad máxima en autopistas: 80-100 km/h.

Velocidad máxima fuera de zonas urbanas: 50-60 km/h.

Velocidad máxima en zonas urbanas: 40 km/h.

Cinturón de Seguridad: Obligatorio.

Alcohol: Está prohibido conducir si se ha bebido alcohol.

Gasolina: Aunque hay gran cantidad de gasolineras, muchas cierran a las 20 h, por lo que será necesario ser previsor si se desea conducir de noche.

Accidente: Si tiene un accidente debe avisar a la policía inmediatamente (110) y en el caso que el coche sea alquilado seguir las instrucciones dadas por la compañía.

Precauciones

Japón es uno de los países más seguros del mundo debido al civismo de sus habitantes y es habitual que si se pierde el billetero lleno de dinero, el que lo encuentre lo devuelva con todo su contenido íntegro. El viajero tampoco debe confiarse, ya que hay algunos rateros, aunque a pequeña escala. A pesar de la fama mundial de los yakuza, nadie debe preocuparse por el crimen organizado si no se acerca a sus negocios: prostitución, juego, inmigración ilegal… Las mujeres que viajan solas, como en cualquier otro país, deben tomar ciertas precauciones como evitar adentrarse por la noche en ciertos barrios donde abundan los hombres borrachos.

Electricidad

La corriente eléctrica en Japón es de 100 voltios, al contrario que los 220-240 en Europa, con una frecuencia de 50 Hz en Tokio y a 60 Hz en Kioto y Osaka. Los enchufes son de dos clavijas planas, por lo que será necesario llevar un adaptador.

Teléfono

Prefijo local. Cada ciudad o zona tiene su propio prefijo local; para Tokio es el 03, Kioto 075, Osaka 06, Narita 0476 y Yokohama 045. Este prefijo no es necesario utilizarlo si se llama dentro de la propia ciudad pero sí si se llama desde otro lugar. Para **llamar a España** lo más práctico son las tarjetas prepago que se venden en tiendas de conveniencia como el Seven Eleven.

Prefijo Internacional. Para realizar llamadas desde Japón a España, marcar 00 34, aunque la mayoría de teléfonos se deberá marcar el 001 010 o el 0041 010 seguido del 34 (España).

Móviles. En Japón no se puede ir a cualquier compañía de telefonía móvil y comprar una tarjeta SIM para usarla durante el viaje. En tiendas como Bic Camera o Yodobashi venden tarjetas con varios GB para utilizar solo datos y poder así ir consultando internet durante el día. Si se necesita hacer llamadas lo mejor es comprar una tarjeta SIM con datos y voz aunque son más caras. La mejor compañía es Mobal (www.mobal.com). Se debe realizar la compra antes de ir a Japón y recoger la tarjeta en el mismo aeropuerto de Narita o Haneda al llegar.

Correos

Las oficinas de Correos están indicadas con una T roja con una raya encima. Los horarios varían según la sucursal, pero generalmente abren de 9 h a 17 h de lunes a viernes, aunque algunas lo hacen también los sábados. Para comprar sellos se puede acudir también a las tiendas de conveniencia como el Seven Eleven. Como cabe esperar en un país como Japón, el sistema postal es rápido y eficiente. Enviar postales a cualquier lugar cuesta 70 ¥ y cartas a Europa 110 ¥. No hay problema en escribir la dirección en caracteres latinos siempre que se haga con letra clara.

Sanidad

Seguro. Es muy recomendable tener un seguro que cubra la asistencia sanitaria porque en el caso de tener la necesidad de acudir al médico en Japón el coste puede llegar a ser muy elevado.

Asistencia dental. Dado que todos los dentistas son de pago y el coste es elevado en Japón se recomienda tener un seguro médico privado que cubra cualquier eventualidad.

Precaución con el sol. El sol brilla con fuerza desde la segunda mitad de julio hasta septiembre. El calor combinado con la alta humedad hace que el viajero se deshidrate pronto por lo que es conveniente beber mucha agua y evitar el sol del mediodía.

Medicamentos. Aunque las farmacias son fáciles de encontrar gracias a sus coloridos escaparates, el problema es que la gran mayoría de empleados solo hablan japonés y el nombre comercial de los medicamentos no se corresponde con el de España. Los productos higiénicos es más fácil comprarlos en supermercados o colmados.

Una **farmacia** de Tokio donde hablan inglés es la American Pharmacy. Edificio Marunochi B, piso 1º, 2-4-1 Marunochi, Chiyoda-ku.

Agua potable. El agua del grifo es potable en todo Japón, por lo que no será necesario comprar agua mineral.

Descuentos

Estudiantes/jóvenes: Hay algunos lugares que ofrecen descuentos para estudiantes, pero generalmente van dirigidos a los estudiantes de instituto y no a los universitarios. En todo caso es práctico llevar el **Carné Internacional de Estudiante (ISIC)**, aunque en muchos sitios cualquier carné joven o de estudiante servirá.

Tercera edad: Japón ofrece gran cantidad de descuentos para los mayores de 60 o 65 años según sea el lugar. Además de la mayoría de museos y monumentos, las líneas aéreas japonesas y Japan Rail también ofrecen rebajas. El único documento necesario para poder disfrutar de los descuentos es mostrar el pasaporte.

Propinas

En Japón no se dejan propinas en ningún lugar.

I Idioma

El japonés es el idioma oficial del país, y muy poca gente habla inglés. El japonés utiliza tres tipos de escritura, lo que dificulta en gran medida su aprendizaje: el kanji, el hiragana y el katakana. Por otro lado está el romaji, que es la representación en letras latinas del japonés. Para dirigirse a alguien los japoneses utilizan el sufijo *san* indistintamente para hombres y mujeres, que podría traducirse por señor o señora. La pronunciación del japonés es bastante fácil excepto algunas letras que se pronuncian diferente: la "g" se pronuncia siempre como en gato; la "j" se pronuncia como la "j" francesa; la "r" similar a una "l"; cuando hay una "u" al final de una palabra no se pronuncia. Hay vocales que a veces se alargan, y esto puede indicarse con un guión sobre la vocal o doblándola.

Alojamiento

Hotel	hoteru	Desayuno	chooshoku
Hotel estilo japonés	ryokan	Baño	furo
Albergue juvenil	yuusu hosuteru	Ducha	shawaa
Habitación individual	shinguru ruumu	Llave	kagi
Habitación doble	daburu ruumu	Aire acondicionado	eakon
Una/dos noches	hito-ban / futa ban	Aseos	toire
Reserva	yoyaku		

Dinero

Banco	ginkoo	Cajero	eetiiemu
Oficina de cambio	gaikokukawase no madoguchi		
Correos	yuubin kyoku	Tasa de cambio	kawasereeto
Cambiar dinero	ryogae	Euro	yuuro
Tarjeta de crédito	kurejitto caado	Dólar americano	doru
Comisión	tesuuryo	Yen	en

Comer

Restaurante	ryotei	Bebida	nomimono
Pub/bar	izakaya	Camarero	ueetaa
Mesa	teeburu	La cuenta	kanjoo
Menú	menyuu	Cena	yuushoku
Postre	dezaato	Agua	mizu
Té (verde)	ocha	Cerveza	biiru
Fruta	kudamono	Zumo	juusu

Transporte

Avión	hikooki	Taxi	takushi
Aeropuerto	hikoojoo	Barco	fune
Tren	densha	Estación	eki
Tren bala	shinkansen	Billete	kippu
Autobús	basu	Ida	katamichi
Coche	kuruma	Ida y vuelta	oofuku
Metro	chikatetsu	Taquilla	kippu uriba

Varios

Sí	hai	Buenos días	ohayoo gozaimasu
No	iie	Buenas tardes	konnichiwa
Por favor	onegai shimasu	Buenas noches	kombanwa
Perdone	gomen nasai	¿Cuánto cuesta?	ikura desu ka?
Gracias	arigato	No entiendo	wakarimasen
Hola	konnichiwa	¿Dónde está?	doko desu ka?
Adiós	sayoonara	¿Cuándo?	itsu?

Índice de lugares

MAR DEL JAP

P.N. Rishiri-Rebun-Sar

Ish

P.N. Niseko-Shakotan-
Otaru-kaigan
Iwana
P.N. Shiko
Suttsu
Kitahiyama   Osha
Ya

Okushiri-to

Eshasi   No

Matsumae

P.N. Tsugaru
Sihuro
Nakasato
Goshogawara
Hirosaki
P.N. Towada-Ho
Od
Takanosu
Noshiro
Ta
7   achir
Oga
Akita

Honjo   Yoka

7   P.N.
Sakata   13
Tsuruoka   47
Obanazawa
Sanpoku
P.N. Sado-Yahiko-   P.N. Bandai-Asahi
Yoneyama   Tenda
Murakami   Yamagata
Ryotsu   P.N. Zao
Na
Yonezawa
8   13
Shibata
P.N. Bandai-Asahi
Niigata
Sanjo   Kitakata
P.N. Sado-Yahiko-Yoneyama   49
Aizuwakamatsu
Suzu   Nagaoka
Wajima   Kashiwazaki   Ojiya   P.N. Echigosanzan-
Toyama   Tokamachi   Tadami
Togi   Wan   N
Joetsu   17   P.N. Nikko
Nanao   Itoigawa   8   Arai
P.N. Joshin etsu   Kuroiso
Asahi   Kogen   Nikko   Utsunomi
Himi   Kurobe   Suzaka
Takaoka   Toyama   Nagano   Ueda   Maebashi   Kiryu   Ashikaga   50
Kanazawa   Oyama
Komatsu   Matsumoto   Takasaki   Ota
P.N. Chubu-   18   17   Koga   Tsu
8   Sangaki   Shiojiri   Kumagaya
Fukuy   Hakusan   Takayama   Okaya   Tsuku

Wakkanai

40 Toyotomi
Hama-Tombetsu
Nakagawa Esashi
Embetsu Otoineppu
232 40 Omū
Marobo Nayoro
Shibetsu
Numata Kamikawa
Fukagawa Asahikawa
231 Takikawa Ashibetsu 39
Bibai Furano
Iwamizawa Kamishihoro
Ebetsu 38
Kitahiroshima Shimisu
Chitose Hidaka
Tomakomai Sarabetsu
Shiraroi Mombetsu 236
Shizunai
Mitsushi 235
Urakawa

MAR DE OJOTSK

Okoppe
Mombetsu
Yubetsu
Tokoro
Engaru
Kitami Abashiri
Bihoro
Rubeshibe
Rikubetsu Teshikaga
Ashoro
Obihiro
Ikeda 38 Shirebecha
Urahoro Shiranuka
Hiroo
Erimo

Nemuro Kaikyo
Kunasirskij proliv
P.N. Shiretoko ★

Shibetsu
pr. Izmeny
Nokke Suido
Nakashibetsu
Betsukai
Nemuro
★ P.N. Akan
Shibecha
44
★ P.N. Kushiro-Shitsugen
Kushiro
Akkeshi

★ P.N.
Taisetsuzan

Hokkaido

★ P.N. Hidakasanmyaku-Erimo

OCÉANO PACÍFICO

bimokita-Hanto
Autsu
Yokohama
Misawa
Hachinohe
Iinohe Kuji
ro 45
Iwaizumi
orioka Miyako
★ P.N. Rikuchu-Kaigan
Tono Yamada
akami Kamahisi
sawa Ofunato
Kesennuma
noseki
gasama
Ishinomaki
gama ★ P.N. Minamisanriku-Kinkazan
na Sendai Wan

Wan
ma
mikayabe
yo

machi
ie

Kashima Nada

0   100   200 km